I0059957

# Una Guida per Internazionalizzare la PMI

## Come le Piccole e le Medie Imprese accedono al mercato globale via New York City

di Ray Garcia, Francesco Messina, Antonino Caldarella

© Buoyant Capital 2015 NYC, USA all rights reserved
ISBN-13: 978-0692550656
ISBN-10: 0692550658

Buoyant Capital fa riferimento alla rete di consulenti c.d. "peer advisor" o, in ragione di quanto il contesto richieda, a studi professionali individualmente raccomandati da Buoyant Capital Collective. Ogni peer advisor e/o studio costituisce un'entità legale separata e indipendente e non agisce quale agente di Buoyant Capital o di qualunque altro studio professionale. Buoyant Capital non presta alcun servizio a clienti e agisce esclusivamente come collettivo cooperativistico a scopo di marketing. Buoyant Capital non è pertanto responsabile per gli atti od omissioni di alcun peer advisor o studio, né può controllare l'esercizio delle rispettive professioni di questi o tantomeno esprimere giudizi e vincolarli in alcun modo. Nessun peer advisor o studio è responsabile per gli atti od omissioni di qualsiasi altro peer advisor o studio, né può controllare l'esercizio delle rispettive professioni di questi o tantomeno esprimere giudizi e vincolarli in alcun modo

Formula richiesta dalla Circolare n.230 degli Stati Uniti d'America: Qualsiasi discussione di problematiche fiscali relative alla normativa USA qui contenuta non è intesa né tantomeno scritta per essere utilizzata e non può essere utilizzata allo scopo di (1) evitare sanzioni fiscali o (2) in connessione con la promozione, marketing o raccomandazione di qualsivoglia piano, transazione, operazione o altra problematica qui argomentati.

Servizi Legali:

Buoyant Capital non è autorizzato a prestare servizi o consulenze legali. I lettori dovrebbero consultare avvocati statunitensi per richiederne la consulenza circa l'esercizio degli affari negli USA.

Avvertenza: Questa guida è edita da Buoyant Capital. Essa non intende offrire o promuovere affari a chicchessia in qualsivoglia giurisdizione. Essa non è rivolta alla distribuzione a chiunque sia localizzato o residente in giurisdizioni che ne limitano la distribuzione. Essa non potrà essere copiata, riprodotta, trasmessa o redistribuita da alcun destinatario senza autorizzazione.

Le informazioni contenute in questa guida sono da considerarsi solamente di tipo generale. Essa non è concepita per essere esaustiva e non vuole realizzare affari né prestare consulenza professionale di natura finanziaria, legale, fiscale o di qualunque altro genere. "Lei, quale lettore, è invitato a consultare i suoi consulenti legali, contabili, finanziari e fiscali al fine di ottenere assistenza per le sue particolari circostanze. Lei non dovrebbe agire sulla base delle informazioni contenute in questa pubblicazione senza avere ottenuto una specifica consulenza professionale.". Mentre ogni cura è stata adottata nella preparazione di questa guida, Buoyant Capital non offre alcuna garanzia o rappresentazione (esplicita o implicita) circa la sua accuratezza o completezza e Buoyant Capital non sarà responsabile, a nessuna condizione, del danno causato dall'affidamento fatto su alcuna delle opinioni o affermazioni fatte in questa guida. Salvo sia specificamente indicato, l'espressione di opinioni è esclusivamente di Buoyant Capital ed esse sono soggette a cambiare senza alcun preavviso. Questa guida non costituisce "Promozione od offerta finanziaria".

Gli esempi di situazioni d'affari qui riportate valgono esclusivamente per finalità illustrative e qualsiasi somiglianze con fatti, persone e aziende è puramente casuale. Essi sono esempi compositi, basati sull'esperienza degli autori e non si riferiscono ad alcuna specifica impresa o azienda.

# Sommario

# Prefazione

Quando in una calda mattina d'agosto ho letto la mail con cui Ray Garcia c'inviava la bozza di questo lavoro e ci lanciava un invito-sfida a farne un'edizione italiana, mi sono assentato per qualche minuto, in preda a una sequenza d'immagini che hanno completamente impegnato la mia attenzione. Immaginavo una sala convegni gremita da imprenditori, manager d'azienda, consulenti d'impresa, tutti attenti alla presentazione del volume di Ray, ma variamente espressivi del loro interesse.

Vedevo la faccia di chi si lascia affliggere dai rimpianti per un salto di qualità mai provato e sempre desiderato, vittima del complesso del "pianista sull'oceano", personaggio protagonista del famoso film di Tornatore del 1998 interpretato da Tim Roth, ovvero di chi è sempre sul punto di oltrepassare il confine, ma poi si arrende di fronte alla sfuggente vastità dell'orizzonte.

C'era poi chi ascoltava ma non sentiva, preso dai suoi pensieri, progetti e manie di grandezza fondati solo ed esclusivamente sulla propria presunta onniscienza, che sfoggiava il ghigno del saputello e rimaneva seduto solo per attendere il momento di sfoderare il suo biglietto da visita all'ultimo grido, pensando di avere trovato in Ray l'ennesimo canale di promozione degl'irrinunciabili prodotti della sua azienda.

Seduto nella prima fila del secondo blocco di poltroncine, nella posizione preferita da chi vuole stare comodo e sempre pronto a scappar via, c'era il super-professionista, colui che non deve chiedere mai perché già tutto conosce e scuotendo il capo in segno di approvazione, accompagnava le parole di Ray con il fare di chi la sa lunga e spunta sempre avanti.

E poi, nell'angolo più remoto della sala, dalla parte opposta alla porta d'ingresso, c'era il vero nostro *target*, l'uomo d'impresa che l'impresa ce l'ha nel sangue, che preferisce stare per conto proprio nelle occasioni ufficiali e comunque, se e quando vi partecipi, lo fa sempre controvoglia, che è disposto magari a perdere un'opportunità d'affari piuttosto che rinunciare alla sua idea di qualità e di valore, che lavora solo con chi il lavoro lo sa fare, che non avrebbe paura di crescere se solo crescere non volesse dire farsi mettere il cappio al collo da qualche pseudo-*partner*, da una banca oppure…

# PREFAZIONE

Dopo il risveglio, ho deciso che raccogliere la sfida di Ray era cosa buona e giusta e forse avevo anche trovato il passatempo per le ferie, tutto sommato era un tentativo di sopire, almeno momentaneamente, quel senso latente e sempre presente di angoscia che mi prende nell'assistere tante imprese dai contenuti pregevoli, ingabbiate nelle scelte dello stretto quotidiano, che invece di occuparsi dello sviluppo, devono per forza spendere tutto in sopravvivenza.

Niente come il "sogno americano" scuote le menti dell'uomo d'impresa vero e ho da subito pensato che questo lavoro potesse rappresentare un'offerta di aiuto a tutti coloro i quali auto-sopprimono il loro coraggio pensando che quel salto di qualità non sia alla loro portata.

# Introduzione

Questo lavoro vuole essere un aiuto per le Piccole e Medie Imprese (PMI) che considerano di fare business tramite gli Stati Uniti e negli Stati Uniti (USA). E' una breve visione d'insieme di tematiche da considerare e non tratta il tema in maniera esaustiva.

Esso nasce per fare da guida introduttiva ed è utile ad approfondire il tema tra le aziende interessate all'internazionalizzazione negli USA e i consulenti Buoyant Capital. I consulenti sono in grado di suggerire piano di business per l'internazionalizzazione che usi la città di New York (NYC) come base principale delle attività di penetrazione del mercato statunitense e nord-americano in generale.

Intendiamo per PMI un'impresa che abbia raggiunto il punto di pareggio, abbia un'attività sostenibile, con prodotti che sono adatti al mercato internazionale, ma che correntemente vende solo al mercato domestico o nei Paesi limitrofi ai suoi confini. La PMI tipicamente ha un fatturato tra 3 e 30 milioni di Euro. Questa forbice di fatturato abbraccia una porzione molto ampia di imprese: da aziende con capitale privato (di pochi soci oppure di famiglia) a entità quotate in mercati ristretti (ad esempio AIM di Londra, Frankfurt eExchange, OTC, etc...).

Gli autori assumono che le imprese abbiano l'intenzione di condurre affari in Nord e Sud America, Est e Ovest Europa, Russia e Africa (le attività commerciali in Asia in parte sono coerenti con quanto tratteremo, ma per tali mercati vi sono altri elementi da tenere in conto, elementi che questa guida non prende in considerazione. Un consulente Buoyant Capital può trattare il caso specifico se necessario).

I suggerimenti offerti in questa guida possono essere d'interesse anche per le micro aziende a uno stadio iniziale dello sviluppo, ma molto dipende dal tipo di business e dal tipo di prodotto che s'intende offrire. I consulenti Buoyant Capital godono di estesa esperienza nel supporto alle nuove iniziative d'impresa.

Questa guida non è stata scritta per le start-up benché il lettore interessato potrà trovare comunque spunti di riflessione utili ai suoi possibili progetti di internazionalizzazione.

# Buoyant Capital

Buoyant Capital Collective è un contenitore di pensiero per le strategie dello sviluppo. I consulenti c.d. " *peer advisor* " di Buoyant Capital forniscono servizi di consulenza indipendente agli *staff* manageriali che puntano alla rapida crescita sul mercato globale. Noi supportiamo l'accesso a: nuovi mercati, nuovi prodotti, nuove fonti di capitale, il tutto però sulla base di significativi miglioramenti nelle *performance* industriali, economiche e finanziarie. Noi comprendiamo la crescita; la nostra vasta esperienza nelle operazioni di venture capital ci fornisce una vista privilegiata sulle caratteristiche delle aziende ad alto potenziale e sugl'imprenditori che le gestiscono. Consideriamo la leadership e l'eccellenza operativa un dato di base e che la maggior parte delle imprese che raggiungono un regime operativo stabile abbiano già ottenuto un alto livello di standardizzazione, ma per crescere esponenzialmente, oltre questo punto, occorre crescere dal punto di vista manageriale, il che è diverso dalla gestione dell'operatività.

Buoyant Capital non è una società di consulenza in senso tradizionale. E' un network di professionisti che mettono le loro competenze in comune per scopi condivisi e uniformati nella missione di assistere le imprese di valore a sviluppare e capitalizzare tutto il loro potenziale, in un'ottica non limitata né condizionata da predefinite limitazioni geografiche, quindi potenzialmente globale.

## Il concetto di "peer advisory"

Buoyant Capital ha costruito la propria idea di rete professionale, basata su un approccio cooperativistico al marketing, sul concetto di "peer advisory", la consulenza, cioè, svolta da chi condivide e/o ha condiviso con l'assistito esperienze fondanti del proprio percorso professionale, offrendo pertanto assistenza basata non solo sulle conoscenze, ma anche consulto basato sul vissuto diretto o indiretto del peer advisor.

Il valore aggiunto di questo approccio risiede nella forma dell'assistenza professionale e in alcune caratteristiche tipiche dei gruppi di aiuto/ascolto. La missione del peer advisor è quella di fare propria intellettualmente l'idea imprenditoriale dell'assistito e interpretarla secondo un punto di vista personale e del tutto indipendente, fornendo conferme, suggerimenti e nuove informazioni all'imprenditore che se ne avvalga. Il peer advisor mette inoltre a disposizione la propria rete relazionale, nell'intento di sostenere lo sviluppo dell'idea imprenditoriale al massimo livello possibile e scommettendo personalmente sulla concreta realizzazione del percorso intrapreso. La visione dell'imprenditore e quella del peer advisor, nel caso di condivisione del percorso di sviluppo, tendono a conciliarsi e rafforzarsi vicendevolmente, lasciando anche aperte le possibilità di co investimento nell'iniziativa imprenditoriale in questione.

I vantaggi per l'imprenditore che si avvale della peer advisory sono molteplici, primo tra tutti la possibilità di sostenere e accorciare la curva dell'apprendimento, beneficiando in modo più diretto ed essenziale del supporto di gente che comprende intimamente le problematiche dello sviluppo imprenditoriale. In secondo luogo, l'imprenditore, nei dialoghi con il peer advisor, è naturalmente portato a razionalizzare la propria idea imprenditoriale con sincerità e onestà intellettuale, consapevole che non deve convincere altri che se stesso e vedendo del suo "consulente" un alter ego in un rapporto riflessivo. Terzo, ma non per importanza, il peer advisor ricambia l'onestà del suo assistito con altrettanta onestà, sostenuta dalla sua totale indipendenza e questo rende prezioso ogni elemento o punto di vista fornito a tutti i livelli della discussione, sia essa di ordine generale e strategico, oppure di natura strettamente tecnica. Per tale ragione, spesso l'imprenditore trae un beneficio ulteriore dall'assistenza di peer advisor con esperienza professionale diversa e anche lontana rispetto allo specifico settore a cui l'iniziativa imprenditoriale è riconducibile.

Le caratteristiche appena descritte della peer advisory rendono facilmente comprensibile il perché questo servizio non sia omologabile quale "consulenza" in senso tradizionale ed è soggetto a una serie di limitazioni tendenti a selezionare gl'imprenditori che ne possono fare richiesta. Anche nei gruppi di peer advisory, che rappresentano la declinazione professionale dei gruppi di ascolto/aiuto, esistono precise regole di eligibilità nell'accesso all'assistenza. Nel caso di Buoyant Capital, come si leggerà più avanti, tali criteri di selezione sono dettati in generale da parametri dimensionali, riferiti sia all'entità che chiede assistenza, sia alla singola operazione soggetta all'assistenza. Il requisito fondamentale per accedere alla peer advisory di Buoyant Capital è però la rilevabilità di significativo potenziale economico nell'idea imprenditoriale da sviluppare, sostenuto dalla disponibilità ad affrontare il percorso di crescita con cultura manageriale e attitudine al rapido apprendimento.

## Cosa vuol dire in pratica Buoyant Capital Collective?

Servizio introduttivo a una rete esclusiva di consulenti esperti e indipendenti.

Accesso a nuovi mercati attraverso il nostro sistema globale di consulenti d'affari.

Acquisizione di talenti e servizio di *coaching* per preparare il vostro *staff* alla rapida espansione.

Servizi di gestione della proprietà intellettuale, tecnologie e prodotti per garantire la competitività sul mercato globale.

Raccolta di capitale per aziende qualificate pronte alla rapida espansione.

Simulazioni del mondo reale per un'efficace formazione e sviluppo nella realizzazione di modelli di business fortemente innovativi.

## Perché adesso?

L'eccellenza operativa e la crescita organica non sono elementi sufficienti per competere nella moderna economia globalizzata.

Le grandi aziende sono state capaci di adattarsi al ritmo del cambiamento che le nuove tecnologie conferiscono al miglioramento della produttività.

L'urgenza di adottare pratiche di alto impatto imprenditoriale, del tipo che produce risultati spettacolari, richiede capacità di *problem solving* snelle, semplici agili e creative, il talento che esegua e l'esperienza che realizzi il valore.

La crescita mediante M&A non basta; le sinergie e le informazioni significative sono necessarie per gestire l'intero processo di trasformazione che integri nuovi mercati, prodotti e organizzazioni.

Siamo alla ricerca di volontà orientate alla crescita e investimenti di capitali sul mercato globale per le imprese micro-capitalizzate. Ci focalizziamo in settori dove l'innovazione tecnologica sia l'elemento chiave per la creazione di nuovo valore e l'incremento della produttività. La nostra ricerca di mercato identifica le imprese candidate che contatteremo per stabilire una relazione che possa assisterle nel realizzare le strategie di sviluppo.

# BUOYANT CAPITAL

Buoyant Capital Collective opera attraverso un *network* globale di esperti associati, per completare una gamma di servizi che soddisfi le strategie di sviluppo. Un complesso di consulenti e investitori accreditati partecipa a ogni operazione, in ragione di come essa è strutturata. Gli esperti consulenti forniscono punti di vista unici che aiutano sia l'azienda che il gruppo d'investitori a identificare il miglior percorso di sviluppo nei rispettivi mercati.

Crediamo che supportare l'imprenditoria sia un modo per sostenere la futura generazione dell'innovazione e dello sviluppo economico globale. A tal proposito, abbiamo creato un programma di reinvestimenti per supportare nuove imprese che approfittino della nostra vasta esperienza per la creazione di nuovi business.

## *Servizi*

Buoyant Capital Collective è un servizio di consulenza globale indipendente. I nostri clienti beneficiano della nostra esperienza poiché ciascun consulente vanta una profonda competenza adatta alle sfide di un'impresa in crescita. Siamo manager che lavorano col vostro staff manageriale per risolvere i problemi reali dell'attività in una maniera che trasferisca conoscenza ed esperienza (in una sola parola: competenza). Il nostro raggio d'azione nei mercati locali combinato con la nostra abilità a eseguire complesse operazioni trans-nazionali è inusuale e fornisce vantaggi distintivi al business locale che voglia crescere internazionalmente in modo rapido. I nostri consulenti indipendenti conoscono la realtà della crescita e non solo l'esercizio dell'impresa in condizioni stabili. Forniamo perciò una prospettiva globale che riconosce le sfide dei diversi mercati, nel complesso sia a livello globale che regionale, oltre alle priorità della crescita commerciale che focalizzano i bisogni dei nostri clienti. La nostra rete di consulenza globale spazia in molte delle aree di competenze necessarie per la crescita accelerata. Le aree particolari in cui vantiamo competenza sono elencate più sotto. E' sempre meglio contattarci direttamente con le vostre richieste, dal momento che ciascun Paese, azienda e situazione costituiscono elementi unici e noi rispondiamo specificamente alle esigenze poste dalle sfide che le imprese orientate alla crescita globale presentano.

## Expertise ed Esperienza:

Formazione di nuove società, acquisizioni e disinvestimenti

Sviluppo della leadership nei migliori talenti

*Coaching* sulle prestazioni nelle le dinamiche di crescita

Decisioni sulle simulazioni di scenario per la pianificazione strategica

Gestione di tecnologie e proprietà intellettuale

Attività di riorganizzazione per *asset* non remunerativi

Ricerca di capitali e ristrutturazioni

Pianificazione delle successioni (ereditarie) e transizioni (generazionali) per lo sviluppo

Pre e post *due diligence* nelle operazioni di M&A, preparazione, integrazione, assimilazione.

## Le questioni più comuni poste dai nostri clienti

Come si crea un nuovo ramo d'affari per diversificare l'attività, quali sono le opzioni, come reinventare se stessi?

Possiamo aumentare la produttività attraverso l'adozione di tecnologia?

Come può l'azienda attrarre i migliori talenti per generare innovazione e proprietà intellettuali?

La nostra impresa sta creando valore da cui si possa realizzare un ritorno?

Qual è il miglior modo per crescere rapidamente e massimizzare il valore mitigando i rischi operativi?

Un'acquisizione può accelerare l'ingresso nel mercato?

## *I Mercati Serviti da Buoyant Capital*

Noi sviluppiamo imprese utilizzando: il modello *tech-venture* quale forma d'investimento finanziario strategico, l'acquisizione di talenti, l'innovazione e la rapida espansione di mercato. Reinterpretiamo questo modello e lo applichiamo a ciascun rispettivo Paese e settore in cui investiamo.

La premessa da cui ci muoviamo è che il raggio d'azione globale che gli USA garantiscono in molti settori ha influenzato le strategie del business internazionale e i relativi strumenti d'investimento. Inoltre, l'importanza cruciale dell'ICT quale innesco del business globale e il settore finanziario sono essenziali da capire e sfruttare al meglio per qualunque genere di attività indipendentemente dalle dimensioni. L'eccitazione della crescita del settore hi-tech negli USA ha influenzato altre aree geografiche del mondo nell'adottare modelli d'innovazione industriale settoriale che sono supportati da alcuni dei più nuovi mercati finanziari alternativi. Governi, settori commerciali e comunità finanziarie convergono nel sostegno all'innovazione quale elemento fondamentale dello sviluppo economico, investendo in questi mercati emergenti ad alto tasso di crescita.

Crediamo fermamente che il cuore pulsante di questo fenomeno globale sia costituito dagl'imprenditori, gente che si assume il rischio, dotata d'inventiva e che cambia il mondo attorno a sé creando valore. Pertanto, il nostro focus è nel supportare la comunità globale degl'imprenditori, il nostro approccio consulenziale può essere unico da questo punto di vista. Il costo tradizionale degli incarichi professionali e delle operazioni d'investimento è proibitivo e dunque utilizziamo le tecnologie che veramente alimentano la produttività della new economy a tirar fuori il meglio del proprio valore strategico per lo sviluppo economico. Noi siamo " *buoyant*", cioè vitali ed esuberanti, focalizzati sulla nozione di capitale in senso lato, includendo la finanza, l'opera dell'ingegno, le risorse umane, il posizionamento di mercato e combiniamo tale ampio concetto con una comunità di consulenti che condividono una prospettiva comune, sono esperti qualificati nei loro rispettivi campi e possono assistere le esigenze delle nostre aziende su base "on-demand".

Il nostro piano è di portare queste capacità in molte regioni del mondo. La nostra iniziale intenzione è di concentrarci su alcuni specifici Paesi dove in qualche modo esistano già elementi e prassi all'avanguardia per l'imprenditoria globale. Tariamo e aggiustiamo la nostra tecnica, i metodi, i modelli di servizio e l'investimento a seconda dei bisogni di ciascuna regione.

# BUOYANT CAPITAL

Stiamo inizialmente puntando su imprenditori e le loro aziende localizzati nell'intero continente Europeo, in particolare nei Paesi che hanno già un fitto commercio estero con gli USA e/o un forte desiderio di promuovere alleanze commerciali con aziende statunitensi. Nel prossimo futuro espanderemo la nostra attività anche al resto delle Americhe, al Sud-Est Asiatico e stiamo cercando partner con cui stringere alleanze che ci aiutino a captare operazioni in ciascuna regione. L'Africa è di nostro interesse laddove le condizioni sono stabili e l'investimento coinvolge un'azienda internazionale quotata in borsa.

La nostra ulteriore intenzione è di ampliare la consulenza e il programma d'investimento includendo particolari strategie per i bisogni dei Paesi in via di sviluppo, i mercati di frontiera del ventunesimo secolo e per coloro che si trovano impegnati nell'imprenditoria sociale. La nostra speranza è che le attività che riescano ad aver successo grazie al nostro aiuto aiutino poi a finanziare l'espansione a sostegno dei Paesi dove l'imprenditoria può fare la differenza nell'economia d'intere popolazioni.

## La Gestione del Talento

Noi troviamo, formiamo e assistiamo il miglior talento in giro per il mondo per diventare imprenditori vincenti, innovare i modelli di business, sviluppare le aziende, coltivare il coraggio e usare le competenze individuali e collettive per determinare vantaggi competitivi. Il nostro curriculum di successo nella nuova imprenditoria ha sviluppato la felice esperienza necessaria per attrarre e trattenere i migliori talenti, assisterli per emergere quali agenti di crescita per le nuove imprese. Attraverso i nostri consulenti noi rendiamo questa esperienza disponibile ai nostri clienti.

Noi mettiamo a riscontro il miglior talento con le aziende in crescita negli specifici mercati. Il miglior talento del mondo sta cercando aziende che possano essere d'impatto, crescere a ritmi accelerati fino a vette importanti, ma in questo ambiente complesso solo un gruppo ristretto e selezionato di talenti potrà veramente essere compatibile con la direzione strategica della crescita della vostra impresa. Lavoriamo perciò a stretto contatto con i nostri associati in ogni mercato per rintracciare il talento che possa produrre risultati eccezionali. L'utilizzo di agenzie di reclutamento non basta, i migliori talenti hanno bisogno di attrazione e questo richiede che siano altri talenti, che hanno fatto le stesse esperienze in precedenza, a fornire i giusti stimoli e guidare quei talenti a emergere.

A tale proposito il nostro network di consulenti è un componente essenziale della costituzione, consolidamento e spinta del talento verso le alte prestazioni necessarie per realizzare una crescita vertiginosa. Noi c'impegniamo a realizzare i risultati per la crescita e non ci fermiamo al semplice assemblaggio delle capactià necessarie.

I consulenti Buoyant Capital Collective sono disponibili ad assistere i manager di miglior talento a rinforzare la forza della loro leadership, accelerando il processo di realizzazione dei risultati rilevanti per la crescita.

## Le situazioni comuni che affrontiamo

Manager tecnici che vogliono migliorare i risultati economici sviluppando le competenze dei propri collaboratori;

Amministratori delegati che vogliono formare altri leader tra i propri collaboratori a cui delegare la gestione dell'eccellenza operativa;

Manager che vogliono convertire le sfide imprenditoriali in opportunità

Manager che richiedono un supporto nelle responsabilità

L'integrazione di uno staff manageriale adottato da aziende acquisite;

Utilizzare la tecnologia per migliorare la produttività e velocizzare il processo di crescita.

Il nostro modello di affiancamento allinea lo sviluppo operativo con le linee guida strategiche e le prestazioni necessarie per raggiungere gli obiettivi di crescita rapidamente. Tra i nostri consulenti ci sono esperti nella gestione delle relazioni con il CdA, in quanto quest'area rappresenta per ogni società un aspetto critico quando si tratti di rappresentare i piani di crescita e fare in modo che tutti i membri siano allineati nel sostenere le esigenze che ne scaturiscono.

# BUOYANT CAPITAL

## *Capitale*

Buoyant Capital Collective può assistere i clienti nell'ottenimento del capitale d'investimento nelle diverse forme.

1. Capitale per la Crescita: supportiamo il fabbisogno di capitale necessario per le iniziative di crescita strategiche di aziende ad alto potenziale di rapida espansione.

2. Finanziamento di Acquisizioni: forniamo il capitale e strutturiamo la leva finanziaria per aziende che stanno perseguendo opportunità di acquisizioni.

3. Finanziamento dello Sviluppo: investiamo nelle aziende start-up indirettamente, mediante l'investimento in joint venture con l'azienda in via di sviluppo. Le joint venture trans-nazionali aprono nuovi mercati e pertanto noi vediamo con favore questo genere di operazioni.

4. Offerta Pubblica Alternativa (Alternative Public Offering - APO) investe in aziende private che sono direttamente quotate su AIM, Deutsche Borse o altre borse competitive.

## Criteri di scelta delle Aziende

Buoyant Capital Collective può raccomandare investimenti in aziende con capitalizzazione da 10 a 50 milioni di Euro, positivo trend di crescita dell'EBITDA negli ultimi tre anni e può strutturare operazioni fino a 10 milioni di Euro per singola transazione. Preferiamo le aziende in crescita su mercati emergenti, ma vanno valutate le condizioni industriali e geo-politiche. Valutiamo le prospettive di settore, il management e la posizione competitiva. Per le aziende non quotate possiamo combinare i nostri investimenti con operazioni straordinarie di fusione, joint venture o quotazione diretta su AIM, Deutsche Borse o altre borse.

I nostri criteri di base riconoscono l'esperienza del management, i fondamentali economici e le prospettive di crescita dell'attività. Gestiamo la realizzazione d'investimenti entro 60 giorni quale termine-obiettivo, assumendo la collaborazione dell'azienda, di tutti gl'investitori e degli altri agenti coinvolti.

# BUOYANT CAPITAL

Preferiamo considerare l'assistenza a investimenti nelle borse nazionali e in settori che hanno potenziale di rapida crescita originata dall'uso di tecnologia e ricerca scientifica, che possiedano già brevetti e know-how. La nostra esperienza di concentra nei settori hi-tech, quindi le nostre aspettative sono in generale ottimistiche.

La nostra filosofia d'investimento consiste nell'investire e trattenere le quote se l'investimento realizza buone prestazioni, altrimenti vendere gradualmente sul mercato. Quando un'azienda raggiunge livelli eccezionali di crescita, noi abbiamo realizzato il nostro ritorno. Crediamo che sia impossibile stabilire a priori quale azienda diventi la migliore, sebbene siamo molto bravi nel valutare velocemente le prospettive di un'azienda.

L'impegno finanziario da noi sottoscritto può essere drenato nel tempo in ragione del fabbisogno determinato nel piano di crescita aziendale. Possiamo anche investire somme in blocco alla chiusura dell'operazione in ragione delle condizioni economiche dell'azienda e delle sue prospettive.

## Le nostre strutture lavorano meglio per aziende che...

Controllo del capitale sulla base della realizzazione dei piani strategici;

Forza finanziaria di un investitore multinazionale;

Avanzata distribuzione internazionale di prodotti/servizi;

Maggiore presenza globale e visione di mercato;

Minimizzazione della diluizione in linea capitale per effetto di assorbimenti basati sulla necessità e presumibilmente a valori patrimoniali crescenti, grazie alla progressiva realizzazione degli obiettivi strategici che ne migliorano la valutazione;

Capacità di assicurare ai soci, stakeholder e terzi finanziatori la disponibilità di risorse finanziarie per completare la provvista necessaria a realizzazione gli obiettivi strategici.

A differenza di altre compagnie di Private Equity, noi non partecipiamo a operazioni di acquisizione a debito e/o compiute dal management aziendale ( *leveraged or management buy-out*), o a operazioni opportunistiche di acquisizione di beni patrimoniali svalutati. L'eccezione è costituita dalle circostanze in cui un'azienda ben gestita e in crescita mediante operazioni di fusione e/o acquisizione (M&A), ricerca il capitale necessario a supportare la realizzazione della strategia di consolidamento. Noi non vogliamo gestire le

# BUOYANT CAPITAL

aziende, né vogliamo che i nostri investitori ne rilevino la maggioranza del capitale. Noi siamo consulenti indipendenti che facilitano investitori strategici qualificati nel fornire capitale a staff manageriali di livello superiore, focalizzati sulla gestione e la crescita. La nostra squadra può gestire ogni aspetto di una complessa operazione trans-nazionale. I nostri investitori qualificati supportano aziende in crescita utilizzano collocamenti speciali privati (Special Private Placement).

Noi esploriamo i mercati globali alla ricerca di opportunità per investire direttamente in società quotate o non al momento giusto. Noi ricerchiamo aziende che necessitano di capitale per espandersi e sufficienti margini industriali che dimostrino la brillantezza del proprio management.

Noi richiediamo staff manageriali che realizzino opportunità di crescita nel medio-lungo termine. L'azienda deve presentare il potenziale per realizzare obiettivi significativi nell'arco di un periodo di sviluppo sufficiente affinché il valore aziendale cresca.

L'ammontare del nostro investimento dipende dalla capitalizzazione di mercato della società. L'acquisizione di quote societarie è finalizzato a creare una posizione non di controllo. Quando le condizioni soddisfano i nostri criteri, possiamo fare appropriatamente un investimento in tempi rapidi.

## Requisiti d'investimento

L'azienda raggiunga risultati significativi nel corso del periodo di crescita.

L'azienda determini quando prelevare il capitale di supporto alla crescita.

L'azienda utilizzi il capitale per sviluppare l'attività e migliorare i margini.

Il capitale è utilizzato nel corso di tutto il periodo di crescita.

## Procedure d'Investimento

Se aveste identificato nella vostra azienda un target possibilmente rispondente ai nostri criteri, o se magari c'incontrassimo in un evento per investitori, potreste sottoporci delle domande/richieste mediante il modulo "contattaci" oppure chiamandoci direttamente.

Se la vostra società è quotata in borsa, per cortesia includete il vs. anche il vs. codice azionario, in quale mercato è quotata, la vostra capitalizzazione di mercato e la media degli scambi giornalieri.

Includete i dettagli circa come e perché pensate di rispondere ai nostri requisiti.

Descrivete di quanto avete bisogno e quando.

Includete i vostri dati di contatto.

Organizzeremo una conferenza telefonica con il nostro comitato di consulenti.

Assumendo che l'investimento sia di nostro interesse, vi proporremo un termsheet e dopo la conclusione del contratto il capitale sarà approntato subito a seguire.

### Contatti

Per richiedere informazioni aggiuntive su Buoyant Capital Collective registratevi sul nostro sito web http://buoyant.cc oppure unitevi al nostro gruppo LinkedIn:

gruppo:https://www.linkedin.com/grp/home?gid=4834661

società: https://www.linkedin.com/company/buoyant-capital-collective

# L'Internazionalizzazione delle PMI

## *Cosa vuol dire "going global"?*

Per una PMI è spesso il desiderio di vendere oltre il mercato domestico mediante l'esportazione di prodotti, Nel moderno mercato globale questo concetto non è più adeguato a causa del fatto che l'accanita competizione lanciata dai Paesi a basso costo di produzione e la facilità di trovare le soluzioni logistiche hanno esteso il raggio d'azione delle PMI, che ora possono vendere e approvvigionarsi ovunque. Mentre è questa la storia degli ultimi 25 anni, e le grandi multinazionali hanno esteso la loro gittata a ogni continente, ciò che negli ultimi 10 anni è cambiato decisamente è il grado con cui ogni azienda può operare globalmente utilizzando comunicazioni internet a basso costo, logistica a basso costo e forza lavoro qualificata con mobilità internazionale.

La nuova definizione di " *going global* " consiste sia nell'approvvigionarsi che nel vendere internazionalmente con le attività di assemblaggio dislocate ovunque sia conveniente dal punto di vista della manodopera, infrastrutture, materiali, logistica e consegna al cliente finale. Uno dei precedenti investimenti di Buoyant Capital è avvenuto in un'azienda hi-tech basata a NYC, con un team manageriale che ha esternalizzato quasi tutti gli aspetti dell'attività. Essa aveva fornitori da Israele, Francia, Olanda, ha usato terzisti in Cina per l'hardware e India per lo sviluppo software, con clienti in Sud-Africa, a 17 ore di volo da NYC. L'azienda, con meno di 15 impiegati in un solo ufficio, aveva una portata globale pari a quella di un'azienda molto più grande e operava soprattutto un'attività virtuale che faceva un efficiente uso del capitale investito. Questo esempio rappresenta un modello d'internazionalizzazione oggi alla portata di ogni PMI pronta a perseguire una strategia di sviluppo globale.

La complessità e la sofisticazione richieste per competere globalmente come PMI in questo modo è significativo e solo pochi posti possono apportare benefici come NYC, per l'accesso alle expertise e ai capitali necessari per operare internazionalmente con questo livello di efficienza. La moderna internazionalizzazione della PMI richiede una decisione di sviluppo aziendale per competere a livello dei migliori al mondo e catturare le opportunità di mercato superando i limiti di un mercato domestico che soffre della contrazione dei consumi, tipica delle economie avanzate.

# L'INTERNAZIONALIZZAZIONE DELLE PMI

## *La Strategia d'Internazionalizzazione*

Una ricerca pubblicata da KPMG, condotta su 840 PMI europee, ha riportato che oltre il 50% operavano già su un contesto internazionale. L'Osservatorio Europeo delle PMI afferma che il commercio europeo è rappresentato per quasi il 99% da PMI , delle quali quasi il 10% si approvvigiona dall'estero e in media solo il 5% dei ricavi è ottenuto da partnership estere, società controllate o joint venture. Tutto ciò costituisce solo una piccola porzione del commercio mondiale, dominato dalle grandi multinazionali. Il commercio globale di prodotti e servizi è cresciuto alla media del 6% dal 1990, più rapidamente del prodotto lordo globale e questo trend continuerà anche nel futuro.

Le opportunità per una PMI di crescere e competere si stanno espandendo; un approccio proattivo alla competizione globale e ai mercati è sempre più non una scelta ma una necessità. Ogni PMI deve adottare l'internazionalizzazione come un requisito strategico della sua competitività e non come la reazione ai cicli della domanda interna. Le PMI vogliose di sviluppare nicchie di mercato hanno tempi di risposta più rapidi, flessibilità e adattabilità, possono accedere le reti globali a costi più ridotti di comunicazione e logistica, il che è già disponibile per quelle PMI desiderose di basarsi in centri nevralgici globali. Fortunatamente, le PMI che riconoscono i benefici di operare da una rampa di lancio globale come NYC possono guadagnare un vantaggio competitivo velocemente mediante la riduzione del rischio e l'incremento della portata, mentre fanno leva sulla concentrazione di expertise, capitali e l'accesso ai mercati globali che NYC consente.

Questo documento si concentra sull'internazionalizzazione di PMI non statunitensi, ma molto di ciò che rileva per esse è altrettanto significativo per le PMI statunitensi, sebbene argomenti legati al legale o alla finanza sono già ad esse conosciuti. I consulenti di Buoyant Capital sono localizzati internazionalmente e forniscono competenze in tutti questi campi alle PMI statunitensi che vogliono esportare e internazionalizzarsi. Oltre il 95% delle imprese statunitensi esportatrici sono PMI, ma le PMI americane hanno grandi opportunità di crescere poiché solo 1% di oltre 25 milioni d'imprese negli USA vende oltreoceano. Molte PMI americane venderebbero all'estero se solo sapessero come trovare partner commerciali in un dato mercato estero target. La UE conta il 50% del prodotto lordo degli USA e le importazioni UE dagli USA hanno superato i 260 miliardi nel 2008, sulla base di statistiche Eurostat, con una crescita costante da allora. Le PMI,

# L'INTERNAZIONALIZZAZIONE DELLE PMI

indipendentemente dalla loro localizzazione hanno grandi margini di crescita in ambito globale, sia verso gli USA che non, a patto di creare una struttura dedita e vocata all'internazionalizzazione. La localizzazione internazionale prescelta dalla PMI è un fattore importante per il successo nel cogliere le opportunità offerte dal mercato globale.

La struttura e la realizzazione di una strategia d'internazionalizzazione vanno oltre lo scopo di questo documento, ma costituiscono comunque un'area di conoscenza dei consulenti Buoyant Capital. Le questioni legate all'internazionalizzazione di una PMI vanno ben oltre le semplici transazioni commerciali estere. L'internazionalizzazione si estende alla completa e totale strategia di espansione sul mercato globale con la necessaria configurazione per operare un'impresa internazionale, inclusiva di competenze, accesso ai capitali, attività di M&A, esternazionalizzazioni, produzione, marketing, vendite, consegne e supporto post-vendita nei mercati target.

Le aspettative di una PMI quando si volge al contesto internazionale sono: incrementare l'utile netto usando il suo vantaggio competitivo in un mercato estero; utilizzare le vendite estere per incrementare i volumi complessivi e generare economie; migliorare la capactià innovativa imparando dalle esperienze dei mercati esteri; diversificare il rischio mediante le divergenze cicliche nello sviluppo dei mercati. Ciò che impedisce alle PMI di divenire internazionali è: l'investimento iniziale potenzialmente alto per alcune tattiche distributive; l'adeguamento dei prodotti dovuti alla localizzazione, se questo costituisce un pre-requisito di accesso al mercato; il timore dei concorrenti stranieri che già operano sul mercato target; il rischio d'inefficienze dovuto alle differenze culturali o alla difficoltà di comprendere appieno le implicazioni del fare impresa nel mercato estero target.

Molti dei fattori che incoraggiano e scoraggiano una PMI dal perseguire strategie d'internazionalizzazione sono ben supportati dalle professionalità presenti a NYC, quale rampa di lancio globale e ciò grazie alla concentrazione di expertise e capacità che un centro globale è in grado di contenere.

Qualsiasi impresa dovrebbe nascere dallo studio e analisi del mercato target, formulando le necessarie tattiche di espansione, fasando l'implementazione della strategia, nel tentativo di mantenere coerenza e realizzare un buon controllo operativo. Le possibilità di successo nel perseguimento di una strategia d'internazionalizzazione possono essere sostenute da molteplici fattori: l'azienda ha le risorse per espandersi; l'azienda vuole difendere la propria posizione di mercato o competere aggressivamente

# L'INTERNAZIONALIZZAZIONE DELLE PMI

per catturare nuovo valore potenziale di mercato; essa anticipa le opportunità di crescita nel mercato estero o percepisce limiti nella crescita del proprio mercato di riferimento. La PMI dovrebbe anzitutto stabilire se sia intenzionata a concentrarsi sui suoi prodotti e mercati oppure se preferisca diversificare i propri prodotti o i mercati o entrambi. Molte PMI tendono a realizzare forme di concentrazione sui propri prodotti e nel proprio mercato e dunque occorre prestare attenzione nel formulare strategie d'internazionalizzazione per evitare di trovarsi in molti mercati con molti prodotti contemporaneamente.

NYC fornisce un'opportunità unica alle PMI, in quanto offre un mercato diversificato, una rampa di lancio per tutto il Nord-America e un accesso al mercato globale; essa dunque mitiga il rischio di una PMI di scegliere un prodotto e un mercato escludendo opzioni su altri prodotti o provare a svilupparsi su nuovi mercati mantenendo comunque la stessa struttura che sostiene lo sviluppo internazionale. Basarsi a NYC conferisce alla PMI la capacità di operare ovunque nel mondo, ma iniziando a operare in un grande mercato dotato di una varietà d'influenze tale da consentire di passare rapidamente dalle fasi di test alla crescita globale.

Gran parte del costo dell'internazionalizzazione dipende dalla contestualizzazione del prodotto sulla base delle condizioni dettate dalle preferenze culturali, questioni normative e considerazioni logistiche. Questo documento presenta molte questioni specifiche legate al contesto USA, dalla regolamentazione dell'impresa al fisco, dalle questioni lavoristiche a tutto il resto che una PMI deve affrontare prima di avviare l'attività negli USA. L'esperienza di basarsi a NYC apporterà dei vantaggi alla PMI nel prepararsi a operare in altre parti del mondo senza la necessità di ripetere alcuni aspetti. NYC può costituire una giurisdizione reciprocamente accettabile per due controparti straniere operanti in campo internazionale da Paesi che non hanno trattati commerciali di reciprocità e necessitano di condividere una giurisdizione comune per commerciare in modo affidabile.

Ciò che può determinare una PMI nell'affrontare un processo d'internazionalizzazione può variare in ragione del Paese e delle condizioni economiche. Dato il grado con cui le PMI sono aziende familiari, spesso il limite che queste incontrano sono auto-imposti dallo stile di vita familiare e dalle relative scelte. Una volta che la PMI si trova ad affrontare delle minacce competitive, ha saturato il suo mercato o individua un'opportunità in un mercato estero, può trovare in queste condizioni lo stimolo a investire in attività fuori confini. Questo iniziale approccio è principalmente rivolto a mercati prossimi in PAesi vicini, dove la distanza in termini psicologici è bassa. Questo modello è noto come Uppsala Model è presenta i seguenti stadi d'internazionalizzazione: esportazione indiretta, esportazione diretta, concessioni di licenze, franchising, joint venture, investimento diretto estero. Questo modello di approccio graduale, benché comune, non riflette la realtà moderno commercio globale, che sempre di più passa alla creazione di nuove imprese nascenti già con il carattere d'internazionalità (*born global*). Le imprese " *born global* " usano intensamente internet e logistica a basso costo per approvvigionarsi, produrre e vendere globalmente e non limitare più l'attività al mercato locale. I professionisti Buoyant Capital sono preparati a queste nuove forme d'internazionalizzazione e possono aiutare le aziende che hanno intrapreso un percorso graduale a ristabilire strategie più competitive per internazionalizzarsi, utilizzando il mercato Nord-Americano quale obiettivo e NYC quale sede internazionale principale.

Le altre varianti d'internazionalizzazione sono estensioni del modello *born global*, inclusi i network relazionali di acquirenti-fornitori oppure i gruppi etnici, network professionali, gruppi d'acquisto o aggregazioni opportunistiche. La conversione e la trasformazione di una PMI già impegnata in un percorso graduale può essere condotta verso il mercato globale mediante un appropriato ri-posizionamento come fosse un'impresa born global. A tale scopo si può utilizzare la rampa di lancio internazionale che NYC offre alla PMI. Essa sarà capace di competere con aziende molto più grandi che utilizzano le stesse tattiche ed efficienze mirate al commercio internazionale.

Il processo di apprendimento insito nell'approccio di graduale internazionalizzazione richiede troppo tempo rispetto ai ritmi imposti dalla competizione globale. Reti interdipendenti sono già ben ramificate in molte aree a sostegno del commercio globale. Comunità professionali settoriali, specialmente nelle aree scientifiche, tecnologiche e ingegneristiche, travalicano i confini nazionali e sono facilmente accessibili. Professionisti del M&A, esperti contabili e studi legali, mercati dei capitali, banche, servizi logistici e accordi commerciali intergovernativi formano un ricco sistema di relazioni che la PMI deve essere in grado di sfruttare per essere competitiva. Le PMI che sono nate come imprese operanti esclusivamente nel mercato domestico necessitano di trasformarsi velocemente in imprese internazionali, che soprano, abilitino, valutino e sviluppino opportunità oltre i confini nazionali per creare nuovo valore sul mercato globale. Questa forma di d'imprenditoria internazionale ha definito l'economia delle nuove aziende hi-tech negli ultimi 30 anni e ha creato un valore di mercato enorme nel comprensorio regionale che va da New York a Boston e da San Francisco a San Jose (es. Silicon Valley). Le strategie che queste imprese hanno utilizzato sono disponibili a qualunque PMI e non sono esclusive dell'industria hi-tech. L'impresa (re) born global diviene instantaneamente internazionale quando quando ri-localizzano il cuore della propria attività internazionale in una base globale attrezzata al business globale h24, 365 giorni all'anno, ovvero, come spesso ci si riferisce a NYC, in una città che non dorme mai.

Le PMI già pronte a competere hanno accesso al mercato della conoscenza, hanno rimosso le distanze psicologiche e differenze culturali, hanno stabilito rapporti con fornitori, clienti e concorrenti esteri, hanno investito in esperienza internazionale e, ciò che più conta, hanno un approccio e una forma mentis imprenditoriale di carattere internazionale. L'imprenditore non considera più il proprio mercato domestico adeguato affinché si possa identificare la propria azienda quale leader nel proprio settore.

## *Principali Driver e Barriere*

L'Organizzazione mondiale per la Co-operazione e lo Sviluppo Economico (OCSE) ha riconosciuto che l'imprenditoria piccola e media internazionale è il principale vettore dello sviluppo economico globale e ha focalizzato la propria ricerca sulla comprensione dei fattori e delle barriere per la PMI che vuol perseguire l'espansione globale. Tra i governi del G20, ogni Paese oggi ha programmi a sostegno dell'internazionalizzazione delle PMI, che sia la promozione dell'export per i settori chiave o l'attrazione di capitali esteri. Il settore dei servizi privati ha risposto con un crescente sostegno, dalla logistica alla finanza/servizi bancaria/i.

Quattro sono i settori primari che guidano l'internazionalizzazione delle PMI: (1) motivazioni alla crescita, laddove le dimensioni e i margini del mercato-obiettivo sono percepiti come un'opportunità, che si tratti di fornire, produrre o trasportare a costi minori, oppure vendere ad alti margini; (2) motivazioni legate alla conoscenza e all'innovazione intensiva, laddove la PMI ha competenze altamente specializzate, non facilmente riproducibili, che conferiscono un vantaggio competitivo in un mercato estero che non avrebbe nel mercato locale; (3) Fattori sociali/relazionali, laddove il sistema formativo, professionale, familiare, etnico, culturale, ovvero la comunanza linguistica possono aiutare a colmare le distanze del debutto dell'attività commerciale; (4) le dimensioni del mercato locale/regionale e della relativa competizione sono troppo ridotti per il settore di riferimento, affinché si sfruttino appieno le capacità aziendali. Per il mercato USA, particolarmente a NYC si trovano i fattori centrali della propria economia, in relazione a tutte e quattro le dinamiche. Questo ha fatto sì che le expertise su come condurre un'impresa internazionale si concentrassero a NYC.

# L'INTERNAZIONALIZZAZIONE DELLE PMI

Un'azienda internazionale basata a NYC potrebbe avere alcune o tutte le sue forniture, produzioni e vendite fuori dagli USA e agire comunque come un rivenditore senza la necessità di attività commerciali nel proprio mercato domestico. Le maggiori multinazionali americane vantano oggi più del 50% dei loro ricavi prodotti da controllate estere e solo eventualmente trattenere una quota minoritaria di produzione negli USA. Queste expertise sono transitate alle imprese *born global* create da manager di aziende americane ancora nel bel mezzo delle loro carriere, che hanno così messo a frutto le competenze maturate nelle grandi aziende di provenienza per sviluppare imprese capaci di competere sin da subito mediante l'innovazione. Essi riconoscono che per essere oggigiorno competitivi occorre nascere globali.

L'OCSE ha anche identificato i 5 principali fattori che ostacolano (barriere) l'internazionalizzazione delle PMI: (1) l'assenza o la povertà di professionalità adeguate a sostenere l'internazionalizzazione; (2) carenza di capitali per finanziare le esportazioni; (3) carenza d'informazioni atte a consentire l'analisi dei mercati potenziali e l'identificazione delle opportunità di business; (4) scarsa capacità di costruire rappresentanze estere affidabili; (5) scarsa dimestichezza con pratiche d'affari, procedure e procedimenti relativi ai contesti di altri Paesi. Queste barriere possono rivelarsi insormontabili per quelle PMI operanti in piccoli contesti locali che non stabiliscono la loro presenza in una delle basi strategiche del commercio internazionale. Il rischio che una PMI si trova a fronteggiare quando tenta l'accesso a un mercato estero riguarda l'assenza di garanzie di buon fine del forte investimento iniziale necessario e questo comporta l'abbandono dell'idea di formulare strategie e tattiche specifiche con un approccio razionale e deterministico. La conseguenza è un alto tasso d'insuccesso e l'incapacità di stabilire solidi processi di sviluppo internazionale delle PMI.

Le nuove imprese soffrono di un alto tasso di mortalità iniziale, perciò quando esse riescono a superare l'ostacolo dello start-up iniziale non sono disponibili a sopportare l'ulteriore rischio di accedere all'ambiente globale quale strategie espansiva. Tale rinuncia, però, spesso determina lo stallo nel processo di sviluppo dell'impresa e contemporaneamente produce un vantaggio per la concorrenza che invece consolida le proprie posizioni mediante la strategia di sviluppo internazionale. NYC, ma anche Londra o Honk Kong, rappresentano concentratori di expertise che possono assistere la PMI a superare le barriere all'internazionalizzazione e incrementare le possibilità di successo delle relative strategie espansive. NYC offre un vantaggio rispetto a Londra costituendo una porta di accesso al mercato Nord-Americano, mentre si avvantaggia su Honk Kong per il fattore di elevata diversità e per il dinamismo del suo mercato dei capitali. Per tutto ciò NYC offre alla PMI che vuole divenire internazionale il sostegno necessario a mitigare notevolmente i rischi connessi alle barriere in argomento.

Un recente studio della Commissione Europea riporta che quanto più l'impresa è grande tanto più essa tende a internazionalizzarsi, incrementando i propri rapporti commerciali con l'estero man mano che cresce il proprio volume e raggio d'affari. Contrariamente a quanto si creda, più di un'azienda su due, tra quelle che tentano d'internazionalizzarsi, inizia prima a importare e oltre il 40% pratica sia importazioni che esportazioni nello stesso anno, mentre solo il 18% inizia con l'esportare i propri beni e servizi. La differenza principale tra le imprese più piccole e quelle di medie dimensioni consiste nell'altezza delle barriere psicologiche che frenano il tentativo di divenire internazionali, principalmente rappresentate dalla cattiva percezione delle professionalità necessarie a sostenere tali processi di sviluppo dell'attività. Ma i principali e veri fattori che si frappongono tra la PMI e l'internazionalizzazione consistono nell'impreparazione degli stessi imprenditori rispetto al tema in questione, il che frena notevolmente i processi di sviluppo dell'impresa. Le PMI che non pongono la ricerca delle adeguate professionalità e della giusta localizzazione a base del percorso d'internazionalizzazione corrono il serio rischio di fallire nella realizzazione della strategia. Tale fattore psicologico connesso al timore dell'imprenditore di perdere il controllo della propria impresa impediscono di fattore i processi di espansione internazionale e la decisione di competere sul mercato globale. I professionisti Buoyant Capital sanno come aiutare l'imprenditore a gestire e superare queste barriere psicologiche e quindi come agevolare i processi di apprendimento della PMI per tutto ciò risulti necessario a superare il gap di competenze e realizzare la strategia espansiva.

## *Gli Errori Comuni del Going Global*

I consulenti Buoyant Capital hanno lavorato con clienti in molte parti del mondo, ogni volta affrontando specifiche problematiche da risolvere e all'interno di vincoli esistenti. Per soli fini illustrativi il presente capitolo si riferisce alle esperienze maturate in un Paese Europeo facente parte del G8, che già rappresenta una potenza commerciale globale quanto a capacità di esportazione, assumendo quindi che alcuni errori siano comuni. In ciascuno dei casi posti in esame, l'impresa vantava forti motivazioni all'internazionalizzazione e aveva già compreso come stabilirsi negli USA le avrebbe consentito di penetrare il mercato globale molto più facilmente che rimanendo in Europa.

# L'INTERNAZIONALIZZAZIONE DELLE PMI

Le sfide di ciascuna di tali imprese non era unica nel genere, con problematiche tutte risolvibili, ma occorre esperienza e capacità di analisi per riconoscerle, quindi l'impresa deve mostrare la volontà di superarle e realizzare il necessario investimento. Questi casi mostrano come un'azienda focalizzata sul proprio mercato domestico può sorvolare sui processi razionali di pianificazione, nel tentativo di tagliare i costi. (I casi qui riportati omettono il nome dell'impresa per motivi di riservatezza e sono il frutto di aggregazioni di situazioni analoghe con tipologie di errori comuni)

<u>Profilo aziendale: azienda vinicola del Sud-Europa</u>

impresa familiare alla quinta generazione;

saturava la propria capacità produttiva per solo i 2/3;

gode di un marchio forte;

vantava una distribuzione regionale ben articolata;

produzione da vigneti di alta qualità.

Sfide:

Assenza di un piano di transizione generazionale e successione, con la presenza di un "patriarca" e un giovane figlio destinato a ereditare tutto;

Hanno solo perseguito vendite di tipo opportunistico;

Avevano un distributore in USA con basso rendimento;

Denotavano la mancanza di sufficiente conoscenza del mercato USA;

Hanno evitato l'investimento nell'esplorazione del mercato.

# L'INTERNAZIONALIZZAZIONE DELLE PMI

Profilo aziendale: produzioni artistiche

Possesso delle migliori collezioni dell'artista;

Diritti e marchio di proprietà di un'azienda di pubbliche relazioni;

Esperti nella vita dell'artista;

Hanno protetto i diritti nella UE;

Patrocinata dal proprio Governo.

Sfide:

Mancavano del controllo globale del marchio;

Molte istanze di utilizzo per finalità di pubblica utilità e utilizzo per ragioni educative dei lavori dell'artista e delle immagini;

Molti film e libri non autorizzati sono stati prodotti sulla vita dell'artista;

Mancavano di adeguata tutela legale dei diritti;

Mancavano di appositi contratti di concessione in uso del marchio negli USA.

Profilo aziendale: produzione di software ERP

Soluzioni di alto livello per aziende di medio-grandi dimensioni;

Specialità di nicchia per la gestione delle risorse umane;

Relazioni partenariali con grandi operatori globali, utilizzati quali canali distributivi;

Ricavi provenienti anche delle attività di consulenza;

Vendite principalmente realizzate con grandi imprese.

Sfide:

Mancavano la presenza negli USA, che per il loro settore è il principale mercato di riferimento;

Hanno assoldato amici per stabilirsi negli USA;

Le persone avevano un disallineamento nelle loro priorità famiglia-lavoro, il desiderio personale di andare negli USA aveva il sopravvento sugli interessi dell'azienda;

L'azienda non ha agito con il supporto di consulenti e ha ignorato le considerazioni più ovvie.

# L'INTERNAZIONALIZZAZIONE DELLE PMI

Profilo aziendale: dispositivi medicali

Proprietà intellettuale ad alta tecnologia;

Molti investitori locali e mecenatismo di persone individualmente ricche;

Focus commerciale a carattere regionale;

Forte talento scientifico;

Mercato globale ad alto potenziale.

Sfide:

Troppi piccoli investitori ciascuno portatore di proprie personali opinioni;

Assenza di esperienza nei processi d'internazionalizzazione;

Ostacoli di natura normativa;

Sottocapitalizzazione;

Scarsa capacità di stabilirsi negli USA e

timore degli investitori di non essere capaci di competere negli USA.

Profilo aziendale: tecnologia finanziaria

Dispositivi innovativi per la gestione delle transazioni finanziarie;

Brevetti globali;

Visione di lungo periodo;

Solide capacità ingegneristiche;

Eccellenti partner industriali per la produzione.

Sfide:

Troppi investitori inesperienti;

Alto affidamento sugli aiuti di Stato (contribuzione);

Nessuna vendita di prodotti;

Azienda dominata dalla R&S che ne ha ostacolato i processi di sviluppo imprenditoriale;

Scarsa attenzione al follow-up delle indicazioni professionali o delle opportunità di business.

# L'INTERNAZIONALIZZAZIONE DELLE PMI

**Le sfide sopra riprodotte sono rielaborate e portate a fattor comune nel seguente elenco:**

Problemi nel reclutare talenti e rintracciare le giuste persone per supportare lo sviluppo globale.

Problemi nell'adattamento del prodotto alle condizioni del contesto-obiettivo.

Problemi nella strutturazione dei servizi di supporto al prodotto localizzati rispetto al mercato-obiettivo, fondamentali per sostenere la competizione globale.

Cattivo uso del capitale e fallimento nell'orientare gl'investimenti verso il supporto all'espansione, visti come costo anziché elementi di creazione di nuove opportunità d'affari.

Incapacità di tutelare adeguatamente la proprietà intellettuale, laddove esse hanno fallito nella strategie di copertura brevettuale, marchi commerciali, diritti di riproduzione nei rispetti mercati-obiettivo.

Problemi legali nati dall'interpretare la gestione del rischio come un valore positivo anziché un costo e qualcosa a cui prestare attenzione solo dopo che i problemi si siano manifestati.

Incapacità nell'utilizzo della finanza aziedale per ottimizzare i processi operativi e il sostegno della crescita, il tutto necessario alla gestione di qualsiasi investimento e i processi correttivi nascenti dalla valutazione dei rischi.

Incoerenza tra il desiderio di divenire globali e la mancata realizzazione dell'importanza di localizzarsi in una base di lancio internazionale, necessaria per fare impresa globalmente.

# L'Etichetta d'affari made in USA

Fare business a livello internazionale richiede esperienza con culture diverse, mentalità aperta, capacità empatiche e l'auto-consapevolezza di sapere reinterpretare i propri modi di vedere le altre persone, tenendo presente che il tessuto culturale e i protocolli non detti possono essere da esse assunti quale premesse per l'instaurare nuove relazioni. Anche quando si fruisce di una lingua comune, ciascun affare implica una negoziazione nuova e originale, inclusi i compromessi che consentano di giungere a una base comune su cui innestare l'affare. Non è insolito constatare come spesso le difficoltà delle PMI d'intessere nuove relazioni internazionali nasca dalla mancanza di fiducia, cattiva percezione e comprensione delle altrui intenzioni che risultano in problemi comunicativi. In tutti i casi precedentemente trattati, le imprese hanno compreso l'esigenza di essere professionalmente assistiti, ma l'interpretazione delle consulenze ha fallito nello scopo a causa d'incomprensione, di disaccordo, di inattività, di scarsa continuità o incapacità di prevenire i rischi e indisponibilità a ricompensare quanto serviva per aggiustare il tiro e raggiungere il successo. La comprensione dei semplici protocolli tipici del Paese-obiettivo possono evitare i tipici problemi del noviziato.

Gli uomini d'affari americani sono soliti salutarsi con una breve ferma stretta di mano. E' importante scambiarsi i biglietti da visita con i riferimenti personali e l'utilizzo del nome di Battesimo è di uso comune. Il biglietto da visita può essere rimpiazzato dai riferimenti rinvenibili on-line, come il link al proprio profilo LinkedIn. L'abbigliamento professionale può spaziare dal formale in abito da lavoro fino al casual, a seconda delle circostanze e dei settori. Le riunioni di persona sono frequenti e vi si dovrebbe arrivare sempre in tempo o un pò in anticipo. L'utilizzo di Skype o altre modalità d'incontro virtuale costituisce un elemento essenziale per svolgere affari a livello internazionale. Negli USA fumare è probito in qualsiasi ambiente di lavoro o luogo pubblico. Le riunioni sono normalmente introdotte da un'accurata agenda, che inizia con le rispettive presentazioni e finisce con il sommario di quanto discusso, delle cose da fare e dei passi successivi. E' altresì importante spegnere i telefonini ed evitare qualsiasi altra distrazione rispetto ai temi dell'incontro, poiché il contrario è percepito come mancanza di controllo del proprio tempo personale e disinteresse rispetto alla riunione. Il follow-up delle riunioni è cruciale e le scadenze stabilite vanno sempre rispettate al fine di dimostrare professionalità e affidabilità.

# L'INTERNAZIONALIZZAZIONE DELLE PMI

Le aziende impongono serie restrizioni ai propri dipendenti circa il fare o accettare regalìe e ai dipendenti pubblici è fatto severo divieto di accettare regali. A NYC il livello di varietà culturale è ampio, ma per la maggiorparte quanto sopra descritto costituisce una pratica comune e una linea guida generalmente accettata. A NYC è semplice ingaggiare un traduttore, il che può essere d'aiuto per evitare cattive interpretazioni e i malintesi possano derivare dalla differente lingua e cultura.

## *Le Differenze nella Cultura degli Affari*

Il fare affari internazionalmente ha maturato delle aspettative sulle interazioni professionali, il che deriva dalla diffusione di prassi adottate dalle multinazionali e dalle esperienze condotte dagli imprenditori e dai professionisti esperti nel commercio internazionale. Le differenze culturali rimangono, ma negli ultimi 20 anni è stato l'approccio e l'attitudine dell'imprenditore di successo in campo internazionale ad essere radicalmente cambiato. La mobilità del lavoro all'interno della UE e la continua migrazione dei talenti verso i Paesi del G20 hanno rideterminato il concetto di successo quale raggiungimento di obiettivo a livello locale e adesso i più talentuosi aspirano alla creazione di business internazionali sin dall'inizio, si tratti d'impresa o carriera lavorativa. Per una migliore comprensione del cambiamento di aspettative e atteggiamenti l'elenco che segue compara l'elevazione di prospettive, aspettative e atteggiamenti che i migliori talenti adottano, partendo dagli approcci tradizionali che ostacolano la crescita e confrontandoli con quelli che invece la alimentano.

Ottenere il lavoro per la vita vs. creare un'impresa;

Fare impresa come stile di vita vs. creare un'impresa al fine di trarne un ritorno;

Proprietari quali manager vs. proprietari quali investitori;

Imprese familiari vs. imprese quali parte di un portafoglio d'investimenti e capitali;

Dirigenti che reagiscono e improvvisano vs. dirigenti che pianificano il successo;

Avvocati in tribunale vs. avvocati che riducono i rischi;

Contabili che tagliano le tasse vs. finanza utilizzata per ottimizzare gli affari;

Dirigenti che controllano il quotidiano vs. dirigenti che delegano e controllano le prestazioni;

Stabilizzare per la sopravvivenza dell'attività vs. incrementare o cessare l'attività se non rende;

# L'INTERNAZIONALIZZAZIONE DELLE PMI

Non concedere fiducia vs. credere nella trasparenza;

Status e posizione vs. risultati e valorizzazione del sistema relazionale;

Vendere su altri mercati vs. investire ed esternalizzare su altri mercati;

Lavorare con i centri di potere vs. rompere i centri di potere;

Inventare e progettare vs. prendere a prestito e competere;

Amare il proprio prodotto vs. amare la soddisfazione del cliente;

Accumulare ricchezza vs. distribuire ricchezza;

Capitalismo brutale vs. bene comune;

Consulenti d'impresa vs. partner d'affari;

Abbastanza buono vs. fare del proprio meglio;

Lavorare per fare vacanza vs. vivere è un lavoro di scopo.

Se questo elenco è una generalizzazione e ha eventualmente un carattere di aspirazione, esso comunque mette in luce ciò che ha guidato lo sviluppo della comunità di nuove imprese, particolarmente negli USA, ma anche in tutti gli altri centri innovativi con questa nuova generazione d'imprenditori che agiscono globalmente sin dal debutto nella propria attività. Questi attributi possono inoltre essere imprescindibili per la PMI che vuol fare business a livello globale. Essi semplificano il concetto d'impresa e circoscrivono le tradizionali differenze culturali a vantaggio del mettere in primo piano i mutui benefici derivanti dagli accordi commerciali.

# La rampa di lancio

## *Perché New York è una rampa di lancio verso il mercato globale*

Gli Stati uniti incoraggiano gli investimenti diretti esteri e riconoscono il loro positivo impatto sulla crescita economica e la creazione di posti di lavoro. Le imprese costituite sul territorio americano con investimenti esteri impiegano oltre cinque milioni di persone con un indotto di decine di milioni di impiegati. Il totale delle azioni detenute da investimenti diretti esteri negli USA ammontava nel 2010 a circa $2.3 trilioni (US Commerce Department).

La Gran Bretagna (U.K.) è il più grande investitore estero, seguito da Giappone, Olanda, Canada, Germania e Francia. Queste sono le economie più floride d'Europa e dell'Asia e hanno tutte delle ragioni economiche per stare nel mercato americano, ma ancora più precisamente, molte tra loro usano NY come snodo internazionale delle loro attività internazionali.

Le imprese statunitensi sono i principali partner commerciali. (US Census Bureau Oct 2010) Le dieci nazioni che importano e esportano maggiormente sono; Canada, Messico, Brasile, Cina, Giappone, Korea del Sud, Taiwan, Germania, Stati Uniti, Francia. Questi Paesi rappresentano il 68% delle importazioni statunitensi e il 62% delle esportazioni. Per meglio comprendere l'ampiezza del commercio, l'Australia, che non è tra le prime dieci, commercializza da e per gli Stati Uniti $48 Miliardi con oltre 9,000 piccole e medie imprese australiane che vendono e operano con gli Stati Uniti. E' facile osservare che la stragrande maggioranza delle multinazionali del pianeta hanno una sede a NY.

New York City è nota come il centro globale della finanza, della moda, dei media, dello spettacolo dell'editoria della formazione, della cultura, della salute, dei trasporti e del settore immobiliare. Gran parte delle imprese finanziarie presenti nella lista di Fortune 500 hanno il loro quartier generale a NY e diciotto delle prime venti banche estere operanti negli Stati Uniti hanno la loro base principale a NY.

# LA RAMPA DI LANCIO

NY è la capitale del business internazionale. Le imprese estere svolgono più affari a NY che in qualunque altra città americana. New York ha tutto ciò di cui abbisogna un'impresa che voglia operare con successo nei mercati globali: gode di un accesso a mercati in espansione, capitali, servizi legali, finanziari, logistici, una forza lavoro tra le più competenti del pianeta, possibilità di trovare business partners, servizi di supporto e associazioni professionali. Ha una concentrazione alta di acquirenti e offerenti e una delle prime destinazioni per conferenze eventi e turismo.

NY è la casa della più grande comunità diplomatica del mondo, includendo le Nazioni Unite, 193 missioni permanenti, 114 consolati, 75 associazioni d'impresa e circa 2,000 imprese estere.

Usando l'Italia come un esempio rappresentativo del commercio statunitense, la ricchezza generata tra Italia e Stati Uniti negli ultimi trent'anni è immensa: 15 miliardi (1985), 28 miliardi (1995), 42 miliardi (2005), 55 miliardi (2014). Nel 2014 si sono registrati 39 miliardi in importazioni verso gli Stati Uniti e 16 miliardi di esportazioni dagli Stati Uniti all'Italia.

Una comparazione utile a comprendere le dimensioni del fenomeno: l'Italia ha esportato in totale 400 miliardi di euro e di questi 50 miliardi verso la Germania. Le piccole e medie imprese italiane vendono secondo un criterio di prossimità (Germania) e prediligono la prossimità rispetto all'avvio di commerci intercontinentali. I commerci italiani con gli Stati Uniti sono cresciuti, ma comparati con le sue esportazioni in Germania, o con le importazioni degli Stati Uniti dalla Cina, è evidente che vi è ancora una grande opportunità di sviluppo nei commerci bilaterali tra Italia e Stati Uniti.

Senza scendere troppo nel dettaglio dei diversi fatti newyorkesi, uno è particolarmente evidente e ricco di implicazioni. Nel 2012 la BBC riportò i risultati di una ricerca condotta da linguisti che ha identificato più di 800 lingue parlate all'interno di NY; di gran lunga superiore all'eterogeneità riscontrabile in qualunque altra città. Continuando con gli esempi italiani, NY ha oltre 50 mila cittadini nati in Italia, 700 mila che dichiarano di avere degli antenati italiani e ha un quotidiano in lingua italiana in circolazione per un pubblico di 60mila lettori. Questi sono solo alcuni esempi di un piccolo microcosmo rappresentativo della intera popolazione globale e questa è una delle ragioni che rende NY il posto più indicato a ospitare business globali.

# LA RAMPA DI LANCIO

Alla data del 2014 la concentrazione delle transazioni commerciali globali è concentrata negli Stati Uniti e a NY in particolare. Londra e NY hanno una intensa attività di scambio commerciale e finanziario. Sebbene siano Paesi e giurisdizioni separate, le attività finanziarie e legali tra le due città sono divenute uno standard e tale standard è noto nella comunità manageriale. La novità (Giugno 2015) che il Regno Unito si possa svincolare dall'Unione Europea ha dato un ulteriore impulso alla coesione tra le due economie, alcuni economisti suggeriscono che l'economia britannica sia più connessa agli Stati Uniti che all'Unione Europea. Sono posizioni controverse e l'eventuale separazione del Regno Unito dall'Unione Europea potrebbe avere delle serie conseguenze nelle sue relazioni con il resto dei Paesi dell'Unione Europea. E' un dato di fatto che Regno Unito e Stati Uniti siano interrelati e che affondi le sue basi nella storia.

Mentre le notizie economiche sulla crescita vengono celebrate, la crescita dei BRIC (Brasile, Russia, India, Cina) pone sotto i riflettori la crescita delle imprese straniere presenti nel listino della borsa americana. Ad esempio, vi sono 200 imprese cinesi nelle Borse americane. Una storia simile è stata sperimentata con il London Alternative Investment Market (AIM) che include oltre 500 piccole e medie imprese straniere quotate nel suo listino. Chiaramente, l'accesso ai capitali e l'esperienza manageriale nella gestione della crescita globale sono i fattori che motivano le 200 imprese cinesi nell'area di NY e le connessioni tra NYC e Londra rafforzano il ponte economico da una parte all'altra dell'Atlantico.

Nel 2014 il capitale di rischio americano ammontava in totale a 49 miliardi diviso tra 160 città, e 4,354 accordi, con 10 miliardi nel corridoio di NYC da Boston a washington DC. Il capitale controllato da NYC viene investito in molti settori.

Gli investimenti in capitale di rischio del 2014 da parte di 3.300 imprese private ammontano a ottocento miliardi di dollari. Il capitale privato detiene oltre 11.300 imprese e solo 4 miliardi di dollari sono stati investiti da capitale di altre aziende. Gli Stati Uniti hanno effettuato 3.044 operazioni di fusioni e acquisizioni tra venti settori con un volume di ricchezza di 388 miliardi e una valutazione media di undici volte l'EBITDA. La concentrazione di capitali che si affacciano al business globale poterà a una ulteriore espansione internazionale nei prossimi dieci anni.

# LA RAMPA DI LANCIO

Il denaro per gli investimenti proviene da alcune fonti: fondi sovrani nazionali, investitori istituzionali, fondi pensione, risparmi familiari e investitori individuali. La gestione di queste categorie di fondi è concentrata a NY. I gestori dei fondi bilanciano i portafogli con varie strategie e una piccola percentuali di questi investimenti è allocata per operazioni ad alto rischio.

NY ha una grande concentrazione di queste attività grazie alle sue competenze finanziarie, alla capacità di sviluppare business sul piano globale e alle competenze negli aspetti legali del commercio. Vi sono 484 società di investimento capaci di una raccolta di 625 miliardi. Con tutte le difficoltà sociali che ciò può comportare, negli Stati Uniti si stima che il 10% della popolazione controlla il 73% della ricchezza, ciò vuol dire che solo alcuni posti nel Paese, con un'alta concentrazione di ricchezza individuale, influenzano o controllano direttamente l'economia e la politica.

## *Contratti internazionali nella giurisdizione newyorkese*

Avere contratti che riescano a proteggere gli interessi delle parti è una delle più importanti attività da compiere per chi intenda avere successo nel mercato statunitense. Diversamente da molti altri Paesi, negli Stati Uniti, i contratti sono essenziali per evitare cause e rivendicazioni e tutti gli errori che si compiono nelle transazioni poco ragionate sul piano legale. I contratti sono una chiara documentazione dei termini della relazione di business. Un contratto ben scritto eviterà i costi connessi ai litigi e le relative perdite finanziarie legate alla eventuale perdita della battaglia legale. Questa è un'area che è spesso presa in scarsa considerazione da parte delle piccole e medie imprese operanti all'estero. Le piccole e medie imprese che effettuano business su base internazionale possono preferire operare sulla base di accordi verbali e strette di mano e non comprendere le conseguenze di questa informalità sul mercato statunitense.

NY ha la più elevata concentrazione di legali esperti in contratti, sicurezza internazionale e diritto commerciale ed è la meta preferita come sede di eventuali controversie su contratti internazionali. Imprese entrambe non residenti negli Stati Uniti, che non comprendano o non conoscano i rispettivi sistemi giuridici spesso scelgono le leggi commerciali vigenti a NY eleggendolo de - facto a standard internazionale per la contrattualistica e le transazioni commerciali. Questa esperienza, combinata con la presenza delle banche internazionali, dei capitali finanziari, dei media globali e del mondo dell'advertising, crea un ambiente unico per le piccole e medie imprese che vogliano lanciare il proprio business sui mercati internazionali.

## *L'investimento iniziale*

Per le imprese che stanno puntando a entrare sui mercati internazionali è indispensabile uno spirito proattivo e la capacità di creare un team che supporti l'iniziativa. Lavorare con un collega che sia di supporto a stabilire le giuste basi per l'internazionalizzazione.

Per creare un'azienda, nei diversi Stati, può non essere richiesto un capitale minimo. Non vi è un sistema regolatorio rigido, le imprese devono investire nel settare l'organizzazione e il business. Ad esempio, negli Stati Uniti è preferibile che un'impresa che si sta approcciando sul mercato prenda l'iniziativa di abbozzare e proporre il contratto che disciplina la sua relazione con clienti e fornitori anzichè attendere che sia la controparte a fornirlo. Ciò può includere documenti non obbligatori, come lettere d'intenti e protocolli d'intesa, che aiutano a stabilire i termini della relazione tra le parti. Ciò chiarisce prima possibile la relazione tra le parti. Ad esempio, il distributore può procurare pochi contratti, scarsi in valore poichè il contratto che lo lega all'azienda prevede pochi obblighi nei suoi conffonti, la scadenza del contratto è lunga, è stata definita un'esclusività, non è stato previsto un termine, non è stato previsto un target minimo annuale, nè sono stati concordati tempi di pagamento, depositi presso terzi e la giurisdizione in caso di silenzio tra le parti è sempre a vantaggio delle imprese statunitensi. All'ingresso dell'impresa sul mercato statunitense, l'impresa ha delle esigenze opposte rispetto a quelle del distributore, per tale ragione è nell'interesse dell'impresa che vuole penetrare il mercato americano avere un contratto che rappresenti i suoi interessi e che riesca a fare una proposta allettante per la controparte.

## *Vendere e fornire in modo internazionale*

Vendere nel mercato statunitense e internazionalmente richiede che le aziende abbiano una chiara strategia e una comprensione delle iniziative tattiche che possono essere utilizzate per gestire la crescita. Avere una succursale oppure usare un distributore, può avere profili di rischio completamente differenti. Iniziare con il tipo di relazione sbagliata può comportare errori costosi e rendere difficile aggiustare il tiro per migliorare il percorso di crescita nel futuro.

# LA RAMPA DI LANCIO

Fornire materiali, componenti o prodotti è un lavoro completamente diverso dal fornire servizi o contratti di ingegneria. La fornitura di oggetti fisici è principalmente legata alla fornitura di prodotti finiti e l'importazione diventa il processo principale da gestire. La fornitura dei servizi richiede un impegno di gran lunga superiore e un ininterrotto coinvolgimento, di modo che le richieste siano ben specificate e quanto richiesto consegnato con l'adeguato supporto. La fornitura di servizi di funzioni di supporto si riferisce alla compravendita di servizi di *outsourcing*.

Le imprese che competono sui mercati globali decidono di acquistare in outsourcing le funzioni che ritengono non critiche per il proprio business al fine di rimanere competitivi nel proprio mercato di riferimento. I servizi in outsourcing nati per supportare la crescita globale delle imprese stanno crescendo e consolidano o concentrano le funzioni non critiche del settore nel quale offrono i propri servizi.

**Le funzioni di business possono essere date in outsourcing per una o più tra le seguenti ragioni:**

Ridurre i tempi e i costi di consegna

Ridurre i costi del lavoro

Migliorare la qualità e l'affidabilità focalizzandosi sui valori chiave del business

Acquistare competenze da partner esterni

Guadagnare un punto d'appoggio strategico nei mercati esteri

Avere la disponibilità di un lavoro flessibile per rispondere ad una domanda fluttuante e instabile

Ridurre le competenze interne necessarie a gestire il business

Liberare capitali per occuparli in investimenti differenti

Ridurre il rischio di interruzione duplicando alcune funzioni in modo che siano ridondanti

Mitigare la dipendenza da una singola risorsa sul mercato domestico

# LA RAMPA DI LANCIO

**Per trarre benefici dalla gestione in outsourcing è necessaria esperienza e pone i seguenti rischi da gestire:**

Potenziale perdita di talenti

Sfide sul piano della lingua e delle differenze culturali

Perdita di controllo sul servizio consegnato

Perdita di competenza e minore acquisizione di esperienza

Perdita della leadership nella R&D se non si sta attenti a ciò che viene dato in outsourcing

Differenze nei sistemi legali quando si cerca di risolvere una disputa in cui l'altra parte è il fornitore in outsourcing

Assenza di trasparenza o cambi frequenti nelle normative nel Paese straniero da cui ci si approvvigiona

Una perdita dell'efficienza organizzativa se il servizio in outsourcing non è dimensionato e gestito in maniera appropriata

Perdita di controllo della proprietà intellettuale, informazioni confidenziali e segrete

Perdita di esclusività del servizio quando lo stesso fornitore serve anche altri competitor nello stesso segmento di mercato

Se si sta attenti e si da troppo in outsourcing ad un singolo fornitore, potrebbe diventare un competitor nel futuro.

L'aspetto più critico della negoziazione dei contratti di outsourcing è la definizione dei termini e delle condizioni atti a mitigare il rischio e incentivare l'ottenimento di un servizio di qualità disciplinando le necessarie protezioni della proprietà intellettuale e degli altri *asset*. La fornitura di servizi di business è molto diversa dalla fornitura di materiali; ad esempio, avere un servizio di call center remoto in un mercato non è complesso come comprare circuiti stampati da quel mercato. I contratti sono completamente differenti quando riguardano servizi che abbisognano di maggiore protezione della proprietà intellettuale.

Il maggiore rischio nel tentare di acquistare servizi in outsourcing sul mercato globale è la scarsa esperienza nel commercio e nella definizione di contratti internazionali nonché quella di non avere un management adatto a gestire i servizi in outsourcing affinché il valore positivo che ci si attende di cogliere da tale esperienza si realizzi effettivamente a vantaggio della più ampia strategia di internazionalizzazione portata avanti dalla PMI. L'Outsourcing migliore si realizza quando l'azienda ha eccellenti abilità operative e può estendere tali eccellenze all'estero grazie a partner stranieri. Non deve, acquistare in outsourcing attività che non saprebbe gestire internamente e che l'azienda fornitrice sa fare meglio, poiché questa incapacità manageriale interna verrebbe esportata all'esterno dell'azienda, non risolta.

Come in tutte le relazioni commerciali, il fornitore in outsourcing ha bisogno di frequenti collaborazioni per comprendere i bisogni della PMI e soddisfarli adeguatamente, ma ciò richiede un investimento di tempo necessario a costruire la fiducia e una chiara comunicazione.

**Quando si lavora in modo globale vi sono alcune tendenze che conducono a problemi e che per tale ragione è necessario evitare:**

Essere passivi e attendere di vedere come va a finire, senza impegnarsi nella relazione commerciale

Reagire ad ogni questione con lo stesso entusiasmo senza discernere le priorità

Non avere una clausola che sia in grado di interrompere i rapporti con criteri chiari forzando il rapporto a proseguire sebbene sia improduttivo

Essere troppo distante e rinviare tutte le decisioni al fornitore in outsourcing

Essere troppo cauto e provvedere a dare informazioni solo quando il fornitore lo richiede o ne abbia necessità e usare questa forza per controllarlo.

Un approccio bilanciato darà i migliori risultati per una PMI che voglia costruire un business globale. E' troppo facile lasciare qualcun altro nei guai o non investire abbastanza energia e tempo per far si che il lavoro sia fatto. La responsabilità per far si che il lavoro si svolga al meglio e che rispecchi gli obiettivi strategici dell'azienda è dell'azienda stessa. Se l'esperienza o le competenze non sono disponibili, Buoyant Capital può suggerire un consulente in grado di colmare le competenze mancanti e formare lo staff al fine di renderlo efficace nella gestione delle risorse in outsourcing.

## *Indagini di base su Società e Persone*

E' importante capire con chi si costruiscono i rapporti commerciali facendo un controllo sull'azienda tramite la quale tali prodotti vengono distribuiti o venduti. E' facile ignorare questo punto ed è uno degli errori più comuni compiuto dalle imprese straniere che cercano di fare affari a livello internazionale. Molti dei colleghi consulenti di Buoyant Capital hanno esperienza nel settore bancario e sono ben consapevoli degli affari di riciclaggio di denaro, frode di titoli, ed altre attività sospette nel commercio internazionale. Abbiamo recentemente effettuato un'attività di consulenza per conto di un'azienda che ha offerto di acquistare una piattaforma di crowdfunding sviluppata in Bulgaria, la cui giurisdizione era in Belize, ma che stava puntando a giovani imprenditori europei. Alla prima verifica abbiamo ritenuto fosse un'attività sospetta e abbiamo suggerito di non fare accordi. NY gode di particolari competenze nel riconoscere situazioni sospette e una delle prime attività che le aziende devono compiere in questi casi è un'attività di " *due diligence* " tramite la quale accertarsi con chi stanno realmente intrattenendo affari. E' utile verificare gli aspetti legali, finanziari e le referenze delle parti informandosi con esperti legali in possesso di competenze in campo internazionale. Questo vale anche per la tua impresa e per i suoi rappresentanti, quando gli altri compiono indagini, devono trovare facilmente informazioni in grado di dimostrare la credibilità e la tua legittimità a condurre affari.

# La creazione di una Società negli USA

Gli USA hanno molte opzioni per strutturare una entità legale. Due sono le più convenienti per imprese straniere: la "Limited Liability Company" e la "Corporation" detta anche (C). La "Corporation" ha una struttura rigorosa che è molto facile da comprendere e da applicare per aziende estere che hanno bisogno della flessibilità di una proprietà azionaria. La LLC ha una struttura flessibile che ha una sua complessità e dei costi legati alla sua proprietà ristretta. Ciò che è fuorviante è che non vi sono strutture legali aziendali normate a livello federale. Ogni Stato ha le sue leggi regolamentari e la legge federale si occupa solo di gestire gli aspetti legati alla tassazione aziendale. La struttura aziendale ha molte implicazioni fiscali, quindi selezionare quella corretta costituisce un'operazione importante per massimizzare le conseguenze della tassazione per l'azienda e per gli individui coinvolti. A meno che l'impresa straniera stia pianificando di detenere immobili o agire da fondo di investimento, la Corporation è probabilmente la struttura più adeguata.

In molti Paesi, stabilire un ramo d'azienda è tipico, ma negli USA non è raccomandabile. Il ramo d'azienda negli Stati Uniti diventa un target visibile per i federali, per lo Stato dove viene aperto e diventa conseguentemente un soggetto sul quale far ricadere tasse federali e locali. Un'entità straniera non dovrebbe parimenti provare a fare affari negli Stati Uniti senza essere registrato come marchio non registrato o registrato in un altro Stato nel quale conduce prevalentemente le sue attività. Se ha un impiegato, detiene delle scorte, mantiene un locale, accetta ordini di vendita, definisce accordi o effettua ogni altra attività in quello Stato, verrà considerato un ramo d'azienda e con il rischio di incorrere in conseguenze negative. Le imprese statunitensi non rischiano trattando affari con un ramo di un'azienda straniera se è correttamente stato gestito ogni aspetto tramite un contratto.

Dove fondare la sede dell'azienda dipende da molti fattori. Delaware è una giurisdizione ben nota, perchè ha un sistema legale e di tassazione più basso degli altri Stati federali. Ciò non vuol dire che l'impresa sia localizzata nello Stato del Delaware; la maggior parte delle aziende registrate in questo Stato non ha delle attività lì, ma lo usa solo per la legislazione ivi presente. La seconda scelta è di localizzarsi dove fisicamente si conducono gli affari prevalenti dell'impresa. E' tipico registrare l'azienda in Delaware e come entità estera nello Stato di NY.

# LA CREAZIONE DI UNA SOCIETÀ NEGLI USA

Il nome dell'azienda non deve coincidere con il brand del prodotto o del servizio. La ragione sociale è specifica dello Stato in cui l'azienda viene registrata, il processo di registrazione del marchio è necessario per proteggere il brand aziendale. E' possibile fare affari con diverse marche registrando un "alias" chiamato " *doing business as* " (fare business come" nome del brand. La ragione sociale e i suoi "alias" devono essere assoggettate a verifica di antecedenza per evitare violazioni nell'uso di denominazioni già registrate.

Le aziende statunitensi possono essere di proprietà di uno o più persone non in possesso della cittadinanza americana e non necessitano della residenza. I membri del consiglio di amministrazione e gli amministratori non devono essere residenti nè cittadini.

L'amministrazione dell'azienda può non essere attribuita ad un direttore. Il termine "direttore" non ha lo stesso significato attribuibile in altri Paesi. Negli Stati Uniti, un "direttore" è semplicemente uno dei membri del consiglio di amministrazione. Il consiglio agisce per conto dell'azienda come un gruppo. E' possibile che un direttore sia amministratore dell'azienda. Gli amministratori hanno tipicamente i compiti di presidente, tesoriere e segretario e i poteri ed i limiti che rispettivamente derivano da tali cariche sono definiti per legge e dai regolamenti fissati dal consiglio stesso. Ciò che possono votare gli azionisti e ciò che invece può scegliere autonomamente il consiglio di amministrazione è definito dallo " *shareholder agreement*". L'emissione delle varie classi di azioni è un aspetto finanziario complesso che è parte inscindibile delle iniziative strategiche di crescita dell'azienda.

Il tempo necessario a costituire un'impresa negli Stati Uniti varia da Stato a Stato e dipende dalla struttura organizzativa che si desidera adottare. Il tempo necessario agli adempimenti burocratici per far nascere una azienda è estremamente ridotto, ma quello necessario a completare tutti gli accordi è soggetto a molte considerazioni imprenditoriali che - dopo essere state attentamente pensate e metabolizzate dall'imprenditore - devono essere tradotte dal team legale in regolamenti e decisioni del consiglio d'amministrazione.

# LA CREAZIONE DI UNA SOCIETÀ NEGLI USA

## *Agenti, Distributori, Società sussidiaria*

E' molto importante comprendere le differenze tra distributore, agente, o rappresentante. I contratti con ciascuna di queste categorie porteranno obblighi e risultati potenziali differenti. Ad esempio, quali obiettivi di vendita possiamo attenderci? Quale listino viene applicato e come verrà consegnato e servito il prodotto? La relazione deve essere esclusiva? E se non funziona come verrà interrotta?

## *Iniziativa imprenditoriale congiunta o produzione negli USA*

Un'iniziativa imprenditoriale congiunta ( *joint venture* ) dovrebbe essere considerata solo dopo che è stata creata una stabile organizzazione sul suolo americano e l'accordo possa essere stilato tra due soggetti entrambi soggetti alla giurisdizione statunitense. Sulla base delle esigenze imprenditoriali, una joint venture può favorire la distribuzione, la produzione così come la ricerca e sviluppo. Ciascuno di questi aspetti è sottoposto a specifici requisiti di legge che devono essere definiti tra le parti. Una *joint venture* può avere una scadenza. Le PMI vanno incontro ad una crescita rapida e tale crescita modifica i loro bisogni nel tempo, un impegno che preceda la reciproca prova che produrrà risultati è un rischio.

I processi di produzione e di ricerca e sviluppo possono coinvolgere questioni legate alla proprietà intellettuale. La joint venture è spesso considerata dalle PMI una soluzione adatta a mitigare il rischio di penetrare un nuovo mercato, ma crea una dipendenza che può restringere la crescita e impedire che il potenziale venga pienamente sprigionato. Per tali ragioni è necessario considerare questi aspetti e le loro conseguenze sul medio lungo termine in maniera scrupolosa.

## *Acquisire un Business e le attività di fusione*

Questa è una decisione complessa che andrebbe considerata solo dopo che la PMI abbia consolidato alcune esperienze nel Paese target. Se l'acquisizione riguarda un'impresa statunitense tale cautela deve essere ancora maggiore a causa della sofisticatezza delle professionalità presenti nel settore delle fusioni e delle acquisizioni. Tali competenze possono porre un'impresa non avvezza alle consuetudini statunitensi in una posizione di svantaggio negoziale.

# LA CREAZIONE DI UNA SOCIETÀ NEGLI USA

Sono possibili molte forme utili ad acquisire un'azienda e in tutti i casi è necessario compiere una *due diligence*. Tale attività coinvolge esperti e spese considerevoli, per tale ragione è il caso venga effettuata solo dopo aver deciso che l'acquisizione di un'azienda esistente è la strada migliore per garantirsi l'ingresso sul mercato statunitense. Un'acquisizione può essere totale oppure può consistere nell'acquisto di quote azionarie o di cespiti che si possono consolidare in un'azienda detenuta da una entità separata. Un'acquisizione può coinvolgere la conservazione del posto per alcuni impiegati chiave, il trasferimento dei cespiti, il cambiamento dei fornitori oltre a varie manovre finanziarie con partner investitori. Tentare tale operazione è auspicabile solo dopo aver costruito un team stabile e affidabile negli USA che sappia assistere l'impresa nella transazione. Grazie alla diffusa esperienza in materia NY è la piazza più idonea per supportare le operazioni di fusione e acquisizione.

## *Marketing e attività di promozione sui quotidiani*

Tutte le attività di marketing necessitano di essere formulate in modo da evitare che ledano il diritto d'autore, non devono usare nomi o marchi di altre aziende senza un espresso contratto in tal senso, non devono mai screditare un concorrente ed è necessaria una approvazione per citare nomi di specifici individui e l'uso di prodotti o servizi brevettati deve essere consistentemente rappresentato. Un'azienda in possesso di un *brand* riconosciuto deve essere sensibile al modo in cui tale brand viene promosso negli stati uniti, così come la sua reputazione è mantenuta e come cresce la percezione del valore presso il pubblico di potenziali acquirenti. Sebbene possa sembrare inusuale per un'azienda non statunitense è spesso necessario che la comunicazione venga rivista da un legale che assicuri la conformità di un messaggio che sia al contempo coerente con l'azienda e esente da rischi. I contratti possono impedire la divulgazione in pubblico di una risorsa, di una partnership, di un accordo di commercializzazione o altri accordi commerciali. L'azienda non deve assumere che un accordo possa in automatico essere rappresentato ai terzi e pubblicizzato.

La localizzazione di un prodotto per uno specifico segmento di mercato necessita di alcune considerazioni preliminari alla vendita. Il mercato nord americano è molto diversificato e ogni Stato ha le sue preferenze in fatto di lingua, religione, cultura, musica e modalità di consumo. Un prodotto venduto a Città del Mexico necessita molto probabilmente di un packaging differente dallo stesso prodotto venduto nel Québec canadese, o ad Atlanta in Georgia, o ancora a Boise in Idaho.

# LA CREAZIONE DI UNA SOCIETÀ NEGLI USA

La strategia di penetrazione del mercato è un aspetto critico del successo dell'iniziativa di internazionalizzazione; per tale ragione è necessario comprendere l'ecosistema locale che può contraddistinguere ciascun mercato nord americano, tale atteggiamento può fornire utile esperienza per approcciare altri Paesi nel mondo. Un'impresa italiana operante nel settore della meccatronica aveva scelto la soleggiata Miami per stabilirvi la propria sede, ma i consumatori erano in Michigan e Miami non aveva molto senso. Un fornitore di impianti di telecomunicazioni può pensare che la sede più appropriata sia la Silicon Valley senza notare che la più alta concentrazione di imprese è a San Diego, oppure che Verizon è localizzata nel North East, o che la Telmex sia in Messico. Le tattiche di ingresso sul mercato possono avere effetto sul successo e per tale ragione devono essere ben ponderate.

## *Ubicazione*

L'affitto di uffici e magazzini può variare sulla base delle esigenze. NY offre un'ampia varietà di opzioni nel settore immobiliare, dall'affitto di uffici alla condivisione di spazi con altri utenti a servizi di ufficio virtuale e di inoltro della corrispondenza. La scelta dell'ubicazione e dell'affitto può avere effetto su altri aspetti del business; ad esempio, la tipologia di permesso di soggiorno e la sua durata.

Le specificità del business portano ad altrettante specificità nella gestione degli affitti immobiliari; ad esempio, un'azienda che eroga servizi ha delle esigenze diverse da un ristorante o da un'azienda di produzione di industriale. Un magazzino può dare e richiedere l'uso di alcuni servizi che portano con se dei costi ulteriori rispetto al semplice affitto. Se l'azienda vuole produrre negli USA deve tenere in considerazione le leggi locali e dello Stato in cui decide di stabilire la sua sede, gli incentivi, le agevolazioni fiscali e gli altri benefici che possono essere presenti.

# Spostare i Prodotti

Sono in molti a ritenere sia facile fare affari negli USA, e ciò può essere vero se paragonato alle difficoltà riscontrabili per avviare una penetrazione in altri Paesi. Non vuol dire che gli USA siano esenti da restrizioni o da adempimenti amministrativi. Le imprese devono assicurare che i prodotti offerti osservino tutti i requisiti previsti per legge e abbiano tutte le licenze necessarie ad essere vendute negli USA prima di essere importati. L'etichettatura dei prodotti e la rappresentanza possono essere soggetti a specifiche restrizioni e requisiti, come il controllo di sostanze alla dogana oppure è possibile venga richiesto l'invio preventivo di documentazione e la relativa approvazione quando si tratta di materiali pericolosi. Tali limitazioni sono si applicano solo ai prodotti fisici, ma anche ai servizi; si pensi ad esempio ai software, alcuni di essi hanno la restrizione all'esportazione per via della protezione dovuta al segreto militare. Non tenere questo aspetto in debito conto può condurre al pagamento di sanzioni, penalità, blocco delle scorte, prodotti bloccati all'ingresso della dogana e in alcuni casi incriminazioni penali.

## *Esempi relativi a Import / Export*

I fattori che possono impedire il movimento delle merci è cresciuto a seguito dei pericoli di di attentati terroristici e a seguito dei mutamenti intervenuti negli atti di regolamentazione del commercio tra Paesi. Questa area richiede quindi un monitoraggio frequente poiché ciò che un tempo era permesso oggi potrebbe non poter più accedere e tali nuovi regolamenti potrebbero interrompere il normale svolgimento del business. Il "Bioterrorism Act" si applica all'esportazione di alimenti e bevande e richiede la registrazione presso la Food and Drug Administration (FDA). Ciascun carico richiede la compilazione di documenti e la loro materiale tenuta da parte dell'esportatore. Queste regolamentazioni spesso nascono per proteggere ciò che si ritiene sia pericoloso per la salute dei cittadini statunitensi. Nel 2009, la legge federale statunitense nota come "Consumer Product Safety Improvement Act" rese illegale l'importazione di giocattoli per bambini, libri, vestiario e gioielli contenenti piombo o ftalati. La pena per la violazione può essere il carcere o una multa fino a $100,000.

## *Norme, tariffe e oneri*

Avere la corretta classificazione commerciale dei prodotti da importare ed esportare e la relativa documentazione può oneroso e richiedere del tempo, ma una volta che la procedura è nota può essere riutilizzata per quella categoria di prodotti. Le zone di libero scambio possono comportare una riduzione dei costi grazie ad incentivi per la merce stoccata, venduta, mostrata o assemblata se non è venduta al dettaglio. La merce è soggetta a restrizioni legali ma gli accordi necessari e la documentazione possono essere ridotti significativamente se i beni sono destinati all'esportazione dagli USA.

## *Spedizione dei prodotti in piccoli pacchi*

Le PMI che intendano perseguire un progetto di internazionalizzazione dovranno pianificare l'imballaggio, l'etichettatura, le documentazioni accessorie al trasporto, le assicurazioni sulla spedizione o sulla ricezione dei prodotti oltreoceano come parte accessoria all'attività commerciale. Gli esportatori hanno diverse opzioni per la spedizione marittima, in funzione del prodotto trasportato, della dimensione e del contenuto, del luogo in cui viene spedito, dei volumi e della frequenza della spedizione. Per una PMI che abbia da poco avviato i suoi affari all'estero Buoyant Capital raccomanda l'uso di spedizionieri internazionali. Appaltare questi servizi è utile ad assicurarsi che il prodotto raggiunga la località desiderata. Quando si raggiunge il volume e la frequenza necessaria, la PMI può considerare di rivolgersi ad una cooperativa di spedizionieri che aggrega le spedizione al fine di ridurre i costi.

Se il prodotto è adatto ad essere confezionato in piccole unità, si può considerare l'invio tramite corriere espresso o postale, ma solo se il prodotto ha un alto valore e una dimensione contenuta, poiché questa soluzione è sicuramente la più costosa. Un esportatore può gestire la spedizione, ma ciò richiede esperienza e pratica; Buoyant Capital suggerisce di farlo solo se vi è uno staff dedicato da assegnare a tempo pieno a tale attività. Lavorando con un consulente Buoyant Capital la PMI può valutare l'opzione migliore sulla base della specifica situazione.

La Camera Internazionale di commercio pubblica l'abbreviazione della serie di termini di vendita usati nelle transazioni commerciali. Queste abbreviazioni sono note come INCOTERMS. Gli INCOTERMS offrono la guida per selezionare il termine per ogni transazione e spiegano l'uso delle procedure elettroniche, dettagli sulle autorizzazioni sulla sicurezza e da suggerimenti sul commercio nazionale.

# SPOSTARE I PRODOTTI

Un sistema codificato definito "sistema armonizzato" assegna sei numeri per ciascun prodotto che si intende trattare in campo internazionale e ciascun Paese viene definito da un suo codice identificativo a quattro numeri. I quattro numeri aggiuntivi sono selezionati dalla Scheda B del sistema americano. Il Governo impone delle tasse sul valore della merce importata tramite l'applicazione di tariffe e obblighi. In aggiunta è possibile vengano applicati dei costi aggiuntivi per specifiche classi di prodotto, ciò varia da un Paese all'altro e in funzione di accordi tra i diversi governi.

Il costo e l'efficienza dell'esportazione e dell'importazione tra Paesi può variare significativamente, per tale ragione la pianificazione dei dettagli in tal senso riveste un ruolo cruciale e può avere un impatto notevole sui margini il prodotto venduto o acquistato può avere sul mercato obiettivo. E' molto facile compiere errori in tal senso soprattutto all'inizio. E' quindi questo uno degli aspetti che ha maggiore priorità nell'organizzazione di un'azienda che vuole internazionalizzare.

I consulenti Buoyant Capital hanno notato diversi errori nella logistica e nella catena di distribuzione in generale. Tali aspetti sono secondari sono alla mancanza di esperienza e alle percezioni di non essere in grado di avere successo nell'internazionalizzazione

Recentemente, per citare un esempio, è stato chiesto ausilio ai consulenti di Buoyant Capital di assistere un'azienda con sede in Europa e produttrice di componenti high tech che aveva appena avviato una campagna pubblicitaria per raggiungere il suo target di acquirenti. Si pensò che la maggior parte della domanda sarebbe pervenuta dal mercato domestico e dagli USA. Al progredire dell'attività commerciale, l'azienda riscontrò che gli ordini provenivano e venivano pagati da più di trenta Paesi. Quando venne il tempo di soddisfare le richieste preferirono applicare un prezzo fisso, comprensivo delle spese di spedizione, anziché scorporare tali costi e renderli variabili in funzione della destinazione. L'idea era di non rendere troppo complesso il computo dei costi di trasporto da parte del cliente e in tal senso ebbero ragione, ma per alcuni Paesi si trovarono a sostenere dei costi di spedizione più alti del valore del prodotto, riducendo il margine generale e causando una perdita. L'errato calcolo avrebbe potuto essere facilmente evitato. L'azienda era al corrente del fatto che il portale Alibaba.com non applica le spese di trasporto ai prodotti che provengono dalla Cina per gli Stati Uniti e quindi anche loro hanno pensato di fare altrettanto. Ciò che non hanno considerato è che i ragionamenti distributivi validi tra due Paesi non sono validi per altri. In particolare, il commercio tra Cina e USA è così vivace che le attività logistiche sono altamente efficienti, ma ciò non basta a desumerne che altri Paesi abbiano la stessa efficienza.

# SPOSTARE I PRODOTTI

Le difficoltà in ambito logistico non sono limitate al commercio internazionale, la merce deve essere trasportata su nave, camion via aerea, in bicicletta o a piedi, quello della logistica un settore che è altamente controllato e il costo dell'ultimo chilometro, quello che porta la merce a destinazione è sempre il più costoso.

Valutare, definire il percorso, seguirlo e tracciare questi movimenti delle merci è l'attività più complessa e con più ostacoli da predire e per tale ragione predire i tempi di consegna esatti è molto difficile. Quando una consegna ritarda o rimane parcheggiata da qualche parte lungo la catena distributiva, può essere necessario molto tempo per riprendere le fila, comprendere dove si trova e rimetterla in marcia, ciò crea delle difficoltà nella affidabilità dell'azienda nel suo complesso.

I consulenti Buoyant Capital hanno gestito situazioni analoghe per conto di aziende straniere. Aziende con un buon potenziale sul mercato americano ma che hanno fallito a consegnare la merce con puntualità oppure hanno avuto così tanti problemi nella fase di importazione dei prodotti per via di documentazioni compilate in maniera non appropriata e merce spedita oltre i tempi che hanno perso l'opportunità con i potenziali acquirenti (buyer). Negli USA i buyer non hanno alcuna tolleranza per l'inefficienza e per l'incapacità di consegnare la merce nei tempi concordati, visto che dalla puntualità delle consegne deriva a sua volta il loro business.

L'esigenza di efficienza e di controllo sulla catena distributiva è un fattore critico del successo della iniziativa di internazionalizzazione della PMI. NY ha un ampio punto di transito per trasporto per via aerea ma è possibile scegliere migliori porti per il trasporto via mare. Tali trasporti possono essere gestiti da NY grazie all'elevata esperienza che in questa città si concentra e che riesce a gestire tutti i possibili modelli logistici, e, tramite le odierne tecnologie di comunicazione, il flusso informativo consente di conoscere in ogni istante dove è situata la merce e i suoi movimenti. Se l'azienda non può pianificare dettagliatamente le spedizioni, può ricorrere fornitori esterni di logistica che possono occuparsi anche dello stoccaggio merci.

## *Business Virtuale e ampiezza della giurisdizione*

Ciò che spesso viene frainteso, sul tema del fare affari negli USA è il suo sistema delle leggi federali. Non è sufficiente essere in regola con la legge federale. Ciascuno stato federale, città e luogo può avere una sua legge, i suoi regolamenti, politiche e aspettative culturali, e con ciò si intende anche le sue tasse, le sue imposte e sanzioni. Questo si scontra con il modo moderno di fare affari tramite l'utilizzo di sistemi di comunicazione e logistica che valicano i confini. Le attività commerciali incrociano facilmente giurisdizioni differenti e rendono difficile determinare se la transazione sia soggetta ad una certa legge o ad un certo regolamento.

Le Cyber-laws sono un'area nuova che si sta ancora sviluppando negli USA così come negli altri Paesi. Queste leggi disciplinano i diritti di proprietà intellettuale, le leggi sui media e sullo spettacolo, commercio online, tecnologie della comunicazione, attività internet, moneta elettronica, pagamenti e banche, formazione, giornalismo e molte altre aree che si intersecano con l'informazione digitale e il suo uso.

Cose comuni come un sito internet, che è globalmente accessibile, possono comportare dei rischi imprevisti. Una volta data la possibilità di fare affari negli USA e in modo simile nell'area dell'Unione Europea, le aziende possono essere assoggettate a leggi che disciplinano l'accesso dell'utente al sito così come il luogo in cui debba risiedere l'azienda proprietaria del sito. A questa complessità deve aggiungersi la battaglia tra gli stati federali e le grandi aziende di commercio elettronico in materia di tassazione delle attività commerciali online. Con un a forza lavoro distribuita e virtuale, la gestione della comunicazione interna all'azienda è a rischio. Quando l'informazione viene trasmessa dal Paese d'origine alle persone che fanno affari in altri Paesi, l'informazione può essere utilizzata per creare uno svantaggio competitivo. Questi temi possono essere definiti in accordi, contratti, regolamenti e tramite attività formative fomaòozzate a far si che il patrimonio informativo dell'azienda venga protetto da tali rischi.

## *Lavorare negli USA*

Le leggi sul lavoro variano da uno Stato all'altro e i singoli settori soggette a differenti regolamentazioni. Tali leggi (e le relative differenziazioni) si estendono non solo ai dipendenti dell'azienda ma regolamentano anche le assunzioni. Ad esempio, alcune aziende possono essere sindacalizzate e la legge può prevedere che l'assunzione debba acquisire solo forza lavoro sindacalizzata.

Alcuni Stati hanno dei diritti dei lavoratori che proteggono gli impiegati, assistenza medica, disabilità assicurazione sulla vita possono essere tipiche protezioni che vengono date comunemente ai dipendenti.

# SPOSTARE I PRODOTTI

Sono disponibili molti servizi offerti da terzi in grado di assistere aziende di nuova formazione nella gestione delle pratiche lavoristiche e più in generale della gestione delle risorse umane.

Ogni Stato ha un suo sistema giuslavoristico, un diverso sistema di tassazioni e di regolamentazioni che può essere difficile da intelleggere per una PMI che non si avvalga di tali servizi.

## *Contratti di appalto*

Un tipico errore compiuto dalle PMI che decidono di entrare sul mercato americano è di assumere qualcuno a cui appaltare il lavoro senza verificare se questa persona soddisfi i criteri di autonomia e indipendenza tipici di un'impresa. La persona in questione potrebbe dichiarare di aver lavorato in qualità di dipendente irregolare per godere delle garanzie previste per i disoccupati secondo le norme vigenti a livello statale e federale e ciò potrebbe comportare doveri finanziari e oneri aggiuntivi nei confronti dello stato e del fisco federale. Questo rischio può essere eliminato tramite un corretto contratto di appalto.

## *Contratti di Lavoro*

I contratti di lavoro sono tipicamente limitati alle figure dirigenziali dell'azienda e non si estendono a impiegati o a livelli manageriali intermedi. L'assicurazione per le figure dei direttori e degli amministratori sono tipicamente richieste per proteggere il CDA e le persone chiave in azienda dai rischi professionali cui possono incorrere. Le tutele assicurative possono coprire anche errori e omissioni a seconda della natura dell'attività aziendale e dei prodotti trattati. Al fine di assicurare la proprietà intellettuale e il know-how dell'azienda, è possibile richiedere agli impiegati di contrattualizzare un patto per il lavoro svolto, in particolare se vi sono dei brevetti o bisogna creare e proteggere altri valori intangibili. I contratti con gli impiegati possono avere molte clausole create al fine di proteggere gli investimenti compiuti dall'azienda sul mercato. Ad esempio, accordi sulla protezione delle opere di ingegno, patti di non concorrenza, accordi di segretezza e non divulgazione sui segreti industriali e commerciali e altre regole che sono necessarie per rafforzare la relazione con gli impiegati chiave in azienda. Le cause per impropria cessazione del rapporto di lavoro sono molto comuni negli USA. Il contratto che lega l'azienda agli impiegati deve essere scritto in modo da rendere possibile prendere provvedimenti nel caso si verifichino scarse performance da parte del dipendente. NY una regola nota come "*at will*" che consente ai datori di lavoro di interrompere il rapporto per alcuni motivi o per alcune responsabilità. Ciò può variare a seconda delle norme aziendali e i contratti possono avere delle eccezioni.

## Cittadini stranieri e permessi di soggiorno

Le persone non statunitensi non possono essere pagate da un'entità statunitense per un servizio se non hanno un permesso di soggiorno che permette loro di lavorare. Questo ha un impatto notevole sulle persone chiave che l'azienda conta di delocalizzare negli USA per attivare e gestire la sede estera.

Gli USA hanno diversi tipi di visti temporanei: 1. B-1 visto da visitatore, non può essere pagato da un'entità statunitense ma può condurre attività commerciali per conto di un'azienda estera. Ha delle limitazioni legate alla durata del soggiorno 2. L1 visti per trasferimenti interaziendali, sono pensati per persone con competenze specialistiche o per i dirigenti d'azienda che hanno lavorato per l'azienda per almeno un anno e richiedono una documentazione molto estesa. 3. Categoria H richiede competenze professionali che non sono disponibili negli Stati Uniti o delle quali vi sia un'offerta molto limitata. Questo visto ha una quota annuale e può essere difficile da ottenere. 4. E-1/2, visto per investitori, è un visto che si applica a speciali situazioni, richiede un capitale da investire e molte altre condizioni. 5. EB-5 è un visto di soggiorno permanente per persone che investono almeno un milione di dollari in un'impresa che assumerà del personale del quale beneficierà quindi l'economia americana. Esistono molti altri tipi di visto: per studenti, per attività di formazione, visti diplomatici, per atleti e per persone di spettacolo.

Mentre la costituzione di un'azienda non richiede il versamento di un capitale minimo, se un'azienda vuole dotarsi del capitale minimo a garantire l'acquisizione del visto di tipo E, in particolare del Visto E-2, il capitale dovrà essere sufficiente a supportare la nascita e lo sviluppo iniziale dell'azienda.

# Finanza e Contabilità

Il processo di pianificazione industriale che valuta l'investimento richiesto, l'uso del capitale e il fabbisogno finanziario è un'attività critica. Per l'impresa negli USA questa attività può essere svolta dal tesoriere aziendale, ma quest'attività necessita di essere svolta con largo anticipo rispetto all'ingresso sul mercato americano. Non tutto sarà comunque noto all'impresa che ha poca o nessuna esperienza nell'attività internazionale basata a NYC; pertanto, alcune indagini esplorative preliminare sono necessarie per stimare i costi e le tariffe e per meglio comprendere l'assetto e i processi operativi dell'attività sul mercato globale.

Uno degli errori che le aziende straniere commettono quando si affacciano agli USA è quello di trovare qualche collega-amico che vive negli USA e chiedergli di collaborare alla creazione della società americana e selezionare lo staff legale e contabile/finanziario di supporto. Questa consuetudine però è foriera di veri e propri disastri ed è uno dei temi per i quali i consulenti Buoyant Capital vengono ingaggiati. I proprietari devono anzitutto essere tutelati nei loro interessi; loro necessitano di realizzare l'investimento in tempo e comprendere appieno tutto quanto occorra per l'avvio dell'attività. Un consulente può valutare obiettivamente quanto necessario per la preparazione e collaborare nel team formato dai legali e dagli esperti contabili/finanziari onde assicurare che la nuova entità di proprietà straniera affronti la missione globale attraverso NYC-USA con il migliore approccio generale possibile. Un frequente errore correlato è quello di ingaggiare separatamente e poi mettere insieme i consulenti e gli altri prestatori di servizi, pensando che così si possano ottenere dei risparmi e avere maggiore controllo della situazione, ma questo approccio non considera che il team consulenziale deve operare in modo sinergico, laddove fisco, investimenti, compensi dirigenziali e tanti altri temi devono essere coordinati e armonizzati al fine di confezionare la migliore soluzione in relazione alle esigenze di crescita aziendali.

## *Contabilità*

L'assunzione di un contabile d'azienda è essenziale per l'azienda che lavora a stretto contatto con il consulente e il team legale. Il contabile elaborerà il piano finanziario, la tenuta dei libri contabili, la pianificazione fiscale e gli adempimenti amministrativi.

# FINANZA E CONTABILITÀ

Lo studio contabile userà gli US GAAP per la reportistica, sebbene l'entità straniera potrà richiedere gli IFRS per il suo reporting globale. Uno studio professionale esperiente sarà capace di riclassificare le scritture contabili per riconciliare i criteri di reportistica interna della società.

Una delle attività contabili più importante è la determinazione del reddito, che implica le questioni di natura fiscale. Il reddito può essere risultato della valutazione delle rimanenze di magazzino, plusvalenze, distribuzione di dividendi, interessi attivi, rendite reali o finanziarie, royalty, utili esteri quando esiste una soglia percentuale di proprietà. Il reddito determinato è frutto di tattiche deduttive come gli ammortamenti, le agevolazioni deduttive di cui alla sezione 179 per gli ammortamenti accelerati (c.d. *phase-out*), spese di avviamento, valutazione dell'avviamento, perdite e svalutazioni, donazioni, deduzioni per la produzione negli USA, benefit agl'impiegati, multe, spese di R&S, pagamenti a collegate estere.

Nel 2010 il FATCA, il Testo Unico per gli Adempimenti Fiscali Esteri, ha iniziato a individuare l'evasione fiscale offshore. Esso ha introdotto adempimenti dichiarativi addizionali a quanto già previsto dall'Amministrazione finanziaria federale degli USA per le società globali, che enfatizzano il bisogno di ottenere supporto professionale per operare in modo efficiente sul mercato internazionale.

Il problemi fiscali di cui sopra trovano applicazione anche a livello di singolo Stato, con l'aggiunta di altri carichi e adempimenti fiscali e amministrativi. Anche le tasse comunali possono costituire un addendum, con i rispettivi obblighi dichiarativi che maturano ad ogni livello di tassazione, ciascuno con le proprie particolarità, eccezioni ed esclusioni.

Gli USA intrattengono accordi bilaterali contro la doppia tassazione dei profitti con più di 60 Paesi, allo scopo di stimolare il commercio internazionale. Ciascun trattato copre specifiche categorie di profitti su cui evitare la doppia tassazione e questa specifica varia da Paese in Paese, allo scopo di contenere anche l'abuso nell'utilizzo delle norme convenzionali per speculare sul regime fiscale di maggior favore. Comunque persistono ancora molti vuoti nella copertura dei trattati fiscali, ma gli USA godono di una buona rappresentanza sia nel Nord-America che con i Paesi Europei. In aggiunta ai trattati fiscali, gli USA intrattengono 45 accordi bilaterali che includono convenzioni per lo scambio d'informazioni tra le Amministrazioni finanziarie. Qui possiamo accontentarci di dire che le questioni correlate alle giurisdizioni fiscali qui riassunte hanno raggiunto un tale livello di complessità che una PMI, se non assistita da uno staff di alta levatura, rischia seriamente di non poter venire a capo dei costi implicati e dei rischi associati.

Le regole sui prezzi interni o *transfer pricing* si applicano alle c.d. transazioni intragruppo o inter-company, comprendendo lo scambio di beni prodotti o distribuiti, la gestione di servizi, il supporto commerciale, i servizi IT, prestiti intra-gruppo, crediti commerciali, garanzie, royalty, costi comuni, delegazioni di pagamento ed erogazione di beni immateriali. Le regole sui prezzi interni sono dettate dal trattato OCSE che sancisce il principio c.d. " *at arm's lenght*", il quale prevede che le transazioni tra due o più parti correlate non possano differire da quelle poste in essere tra aziende indipendenti sul libero mercato in condizioni similari (OCSE - Transfer Pricing Guidelines).

In aggiunta a quanto sopra detto, le PMI sono spesso società facenti capo a gruppi personali, il che comporta la considerazione delle implicazioni fiscali legate agli individui che stanno dietro alle società. Le relazioni con la proprietà, gl'investitori e gl'impiegati riflesse nella struttura legale della società possono avere un grande impatto sulla fiscalità personale tra il Paese di origine e quello di residenza dove hanno sede di affari d'impresa.

## *Investimento, capitale privato o azionariato diffuso*

Non esistono incentivi finanziari all'avvio di imprese da parte del governo statunitense a livello federale. A livello dei singoli Stati membri si può avere un'assistenza ma raramente gli Stati offrono incentivi finanziari o riduzione delle tasse e tali incentivi sono rivolti ad imprese in grado di avere un impatto significativo sull'economia locale ove l'impresa si insedia. Generalmente non sono disponibili per le PMI. Gli incentivi sugli immobili possono variare in funzione del luogo e della quantità di persone che dovranno occupare i locali, ma anche questi sono incentivi per grandi aziende. Le PMI, in un mercato come quello di NY non hanno alcun margine di trattativa. New York City è una grande città e mentre Manhattan resta la più attraente per gli affari internazionali, gli altri porti, nelle vicinanze, possono dare più valore. Se l'impresa ha un deposito o un impianto di produzione leggera può preferire zone meno centrali di Manhattan che offrano rapido accesso al sistema ferroviario, marittimo e del trasporto aereo.

# FINANZA E CONTABILITÀ

## *Sistema bancario – apertura del conto corrente*

L'apertura del conto corrente presso una o più banche può essere effettuata dal legale che segue l'azienda una volta sia in possesso delle necessarie informazioni. Riuscire ad ottenere l'apertura di un conto corrente senza essere presenti negli USA e verificare identità e proprietà dell'azienda può essere molto difficile. Ogni banca ha una rigida procedura di approvazione per l'apertura di conto correnti bancari intestati all'azienda, procedure legate a chi ha il potere di firma e al beneficiario del conto corrente. Con la disponibilità di un conto corrente online è possibile gestire il conto da remoto per verificare la liquidità e per effettuare trasferimenti bancari. Per ogni azione che richiede l'identificazione, è necessaria la visita personale presso lo sportello bancario.

## *Lettera di Credito, Cambi e trasferimenti di denaro*

Le Lettere di Credito facilitano le operazioni di import - export. Una lettera di credito per l'import semplifica le procedure di fornitura e acquisto di prodotti all'estero. La lettera è emessa da una banca e il pagamento è garantito all'esportatore una volta che il venditore valida che la merce è stata inviata nei termini previsti dal contratto. Tramite queste lettere, le banche garantiscono la solvibilità alle imprese. Questa assicurazione rende più semplice rintracciare imprese estere disposte a intrattenere relazioni commerciali. E' bene tenere in considerazione che una lettera di credito emessa da un grande gruppo bancario è usualmente percepita come più affidabile rispetto a quella emessa da una piccola banca locale.

E' possibile ritardare il pagamento per dei beni fino a quando non siano stati spediti e dopo che l'esportatore abbia constatato che tutti i termini contrattuali siano stati rispettati. La PMI può usare una lettera di credito per l'import per ottenere il credito necessario a fare un acquisto all'estero laddove tale servizio non venga offerto dallo stesso esportatore. Le Lettere di Credito includono una collezione di prove documentali che dimostrano che la merce è stata realmente spedita, di modo che l'acquirente possa accettare di effettuare il pagamento e il venditore possa riceverlo. Queste lettere possono supportare contratti di locazione, garanzie di offerta, assicurazioni, contratti che richiedono garanzie sulle performance, e altro ancora. Possono essere usate come deposito in garanzia, o deposito di sicurezza, in modo da preservare i flussi di cassa.

# FINANZA E CONTABILITÀ

Come le aziende sanno, la gestione dei flussi di cassa è critica nell'assicurare il corretto svolgimento delle attività d'affari e quanto gli affari vanno incontro a un'esigenza imprevista, l'imprevisto può provocare uno stallo o il fallimento del business.

Una delle prove più difficili per una PMI che è limitata al mercato domestico è l'affidabilità sui tempi di pagamento concordati.

## *La riduzione della liquidità può portare ad uno stallo in qualunque settore.*

La crisi finanziaria globale nata nel 2008 ha dato una sferzata alle imprese più deboli che non avevano la liquidità di riserva necessaria a sostenere i ritardi di pagamento da parte dei clienti e ciò ha causato un tasso allarmante di fallimenti aziendali.

Le imprese sopravvissute rimangono troppo timorose nell'investire in mercati in crescita e preferiscono tenere la liquidità a disposizione proprio per il timore di nuove ondate recessive. Una strategia di internazionalizzazione per la PMI porrà sotto stress gli investimenti aziendali ed è quindi necessaria una corretta gestione dei flussi di cassa, una volta che la tempistica impatta in maniera così rilevante sulla logistica e si introducono nel corrente svolgimento delle attività di impresa le dinamiche relative alla gestione dei cambi. Tali nuovi aspetti richiedono inevitabilmente l'assunzione di nuove competenze che ne assicurino la corretta gestione.

Supportare le transazioni internazionali può includere una sofisticata gestione dei tassi di cambio, dove viene utilizzato un corretto mix di contrattazioni immediate e di contrattazioni gestite accordandosi sui futuri trend del tasso di cambio al fine di mantenere i margini di profitto ed evitare che venga eroso nelle fasi di vendita e in quella di acquisto da variazioni indesiderate nei tassi di cambio.

Quando si inizia a gestire i flussi di cassa in operazioni commerciali tra più Paesi, può essere necessario gestire la complessità dei cambi registrando attentamente ogni transazione in acquisto e in vendita al fine di minimizzare le perdite derivanti da cambi svantaggiosi. Mettere a fattor comune tali aspetti con la gestione del transfer pricing, con la valutazione delle scorte e la gestione degli aspetti finanziari, può essere ben al di sopra delle competenze esistenti in azienda.

Decidere di localizzare la propria azienda a NY può in tal senso risultare una scelta vincente per garantirsi la presenza di competenze manageriali in grado di gestire tali aspetti adeguatamente.

## *Tassazione*

A differenza di una LLC, che gode di trasparenza fiscale, nessuno dei dirigenti, quotisti o consiglieri di una corporation necessitano di avere un codice fiscale se non sono residenti o non lavorano negli USA. Tutte le corporation USA hanno obblighi dichiarativi indipendentemente dal fatto che sia attiva oppure no.

Il codice tributario statunitense ha il proprio complesso normativo sufficientemente articolato per richiedere la competenza adeguata alla preparazione di efficienti strategie e svolgere correttamente gli adempimenti trimestrali. Esistono varie tattiche di efficienza fiscale quando si creano varie entità legali in una o più giurisdizioni, ma questo argomento va oltre quanto in oggetto del presente lavoro. Le normative fiscali, quelle specifiche di settore e quelle generali si confondono reciprocamente e, quando non gestite professionalmente, possono condurre l'impresa in una confusione aberrante e costosa da districarsi.

Molti sono i livelli di tassazione per le corporation: imposte dirette, regime alternativo minimum tax, imposte sull'incremento dei trasporti (quando il reddito deriva da navi o aerei), oneri doganali e dazi all'importazione, accise, bolli, imposte sulle plusvalenze (capital gain), imposte sugli utili a riporto (accumulated earnings), imposte sulle holding di persone, imposte sulle paghe, contributi previdenziali e assistenziali, tasse ambientali, prezzi interni. La buona notizia è che gli USA non hanno IVA o imposte indirette sulle vendite a livello federale. Dato l'elevato numero d'imposizioni tributarie, si può affermare come sia solo un mito che il fare affari negli USA sia cosa facile, ma può diventare molto più semplice se il tutto sia gestito dalle giuste professionalità per ogni specifico settore.

# La Proprietà Intellettuale

Molte delle prassi che l'impresa si troverà ad attuare presentano delle similarità tra USA e UE, ma le differenze esistono e questo spiega il perché l'impresa deve prestare attenzione a questo tema prima di affrontare il mercato internazionale. Negli USA i contratti tentano di tutelare tutti i beni patrimoniali ( *asset*) aziendali, includendo i segreti industriali, know-how, processi e procedure, dati e tutte le informazioni interne specifiche, riservate e confidenziali. A salvaguardia della riservatezza del patrimonio intellettuale ci si aspetta che l'azienda adotti severe pratiche atte ad evitare la divulgazione accidentale al mercato delle informazioni riservate. Ciò che spesso confonde le idee delle imprese straniere è che anche ngli USA esistono ampi segmenti di soggetti portatori d'idee libertarie. Queste idee hanno portato a posizioni forti sui beni pubblici; ad esempio, l'open source e le licenze creative comuni di software e media. Modelli di business combinati tra elementi di innovazione aperta e forte tutela della proprietà intellettuale sono stati adottati dalle grandi aziende come IBM, Oracle, Google e questo ha portato anche all'open hardware. Sbagliare tali strategie sul mercato internazionale può causare la svalutazione dell'azienda agli occhi degli investitori e della clientela.

I segreti industriali che includono tecniche, metodi, processi, procedure, know-how, tacite conoscenze o qualunque altro genere d'informazione necessaria alla creazione del prodotto o condurre l'attività sono tutti trattati quali proprietà esclusiva dell'azienda. I segreti industriali possono trovare protezione, negli USA, all'interno delle clausole contrattuali.

## *La Proprietà Intellettuale e l'Economia degli USA*

Un rapporto pubblicato dall'Ufficio Brevetti statunitense nel 2012 ha stabilito che la proprietà intellettuale (brevetti, marchi e diritti d'autore) era responsabile del 35% del PIL degli USA, ovvero oltre 5 trilioni di dollari americani in valore aggiunto, impiegando oltre 40 milioni di americani. Il lavoro in questo settore paga circa il 40% in più rispetto alla media degl'impieghi di pari livello in altri settori privati. Il rapporto non includeva gl'impieghi in distribuzione e servizi e non si estendeva ai segreti industriali, rendendo le stime conservative e potenzialmente ben più elevate in termini di PIL. Tutto questo pesa per circa il 28% dell'impiego negli USA , il che dimostra quanto importante sia l'industria ad alta intensità d'innovazione nell'economia statunitense. L'Ufficio Brevetti Europeo ha adottato procedure simili all'interno della UE e questo si produce a vantaggio della compatibilità e complementarietà dei due sistemi, accrescendo la competitività e il potenziale commerciali nei settori hi-tech.

# LA PROPRIETÀ INTELLETTUALE

L'importanza della tutela della proprietà intellettuale si rivela fondamentale quando si sia compresa la portata a cui si può catturare innovazione per trarne benefici industriali e commerciale sia negli USA che in Europa. Le PMI hanno bisogno di supporto per competere nel mercato globale e fortunatamente il settore della tutela della proprietà intellettuale può essere esternalizzato: dalla difesa dei brevetti alle ricerche di anteriorità, dai processi brevettuali alla stesura delle richieste di brevetto, dalla configurazione e gestione del portafoglio brevettuale alla valutazione dei brevetti, dalla determinazione del ritorno per l'inventore all'identità del marchio, dal monitoraggio all'affermazione dei diritti legali. Queste attività non sono triviali e necessitano di adeguate professionalità per essere gestite. Negli USA la più alta concentrazione di expertise legali sul tema si ha a NYC e in California, con Washington D.C. più specializzata in alcuni settori altamente regolamentati che necessitano di supporto politico.

## *Diritti d'Autore, Marchi Registrati e Marchi commerciali*

Quando si svolge attività commerciale negli USA è buona prassi proteggere e registrare tutte le denominazioni, marchi, slogan promozionali, immagini, loghi e nomi dominio utilizzati. E' necessaria, inoltre, almeno una ricerca atta a garantire che non si commetta alcuna violazione involontaria, poiché il mercato USA è molto vasto ed è facile che una qualche denominazione commerciale utilizzata dai venditori sia già stata protetta dai concorrenti. Il Protocollo di Madrid assicura reciprocità con molti Paesi circa la protezione dei marchi commerciali e degli accordi commerciali di licenza sui marchi, ma la registrazione negli USA può non bastare per garantire tutela in altre giurisdizioni. Anche marchi non registrati possono godere di tutela negli USA, ma questi diritti sono meno solidi e possono rivelarsi più deboli rispetto alla tutela legale offerta dalla registrazione.

Negli USA qualsiasi contenuto di tipo audio-video, quali testi, dati, immagini, suoni devono essere registrati all'Ufficio dei Diritti d'Autore per ottenere tutela legale. Un diritto d'autore vale ai soli fini della riproduzione, ma non tutela il contenuto sostanziale. Se un'invenzione è descritta in un copyright, questa serve solo a prevenire che altri possano copiarne la descrizione, ma non impedisce ad altri di riscrivere una versione personale e produrre il dispositivo, per tale ragione occorre evitare di fare confusione tra brevetti, marchi e diritti d'autore.

# LA PROPRIETÀ INTELLETTUALE

## *Brevetti, Trasferimento Tecnologico e Licenze d'Uso*

Il sistema della tutela brevettuale negli USA è utilizzato attivamente dalle imprese sia quale protezione competitiva, ma anche per avere un'arma con cui attaccare i concorrenti in caso di violazioni. Le Entità Inattive o Non-Practising Entities (NPE) sono delle società che posseggono brevetti, ma non li adoperano attivamente per la conduzione d'impresa commerciale. Le NPE sono molto aggressive nelle azioni legali a tutela dei brevetti e questo anche quando non hanno risultati garantiti. Le controversie in tema di brevetti sono molto costose e per questa ragione esse sono spesso risolte in via extragiudiziale. Così si spiega anche il perché molte aziende sono costrette a procedere con la brevettazione dei propri prodotti al fine di creare una protezione contro le risultanze di contemporanee controversie con concorrenti o NPE. Solo nel settore chimico la copertura brevettuale fornisce una reale esclusività, mentre in altri settori essa rappresenta comunque uno strumento di tutela degli asset aziendali, anche quando essa non può garantire un'esclusività sul mercato.

I termini di protezione di un brevetto negli USA sono di 20 anni per un'invenzione e di 14 per il design. I brevetti ottenuti in altri Paesi non garantiscono tutela negli USA o in qualunque altro Paese diverso da quello che lo ha concesso. A differenza dell'Europa, negli USA si possono brevettare i processi software e questo può fornire una tutela più intensa rispetto al copyright. I prodotti devono contenere l'indicazione del brevetto su cui si basano, onde informare i concorrenti sui rischi di violazione, mentre la mancanza di tale informativa può indebolire il posizionamento del prodotto.

Il trasferimento della proprietà intellettuale o la concessione di licenze possono presentare delle implicazioni legali e finanziarie con gli associati rischi di perdita del controllo sulla proprietà o il diritto di continuare a utilizzarla. Anche la concessione di licenze dev'essere accuratamente stesa, nei termini e nelle condizioni, poiché essa può fare insorgere problemi di antitrust che possono provocare un triplo danno, oltre ai costi da sostenere verso il licenziatario laddove nascesse una controversia legali.

La corretta comprensione di come la proprietà intellettuale sia tutelata negli USA è fondamentale per consentire alla PMI di tutelare i propri *asset*, evitare di commette violazioni e difendere la propria capacità competitiva.

## *Franchising*

Il franchising è un modello di sviluppo basato sulla capacità di proteggere il marchio, la proprietà intellettuale includendo i segreti industriali, e sulla fornitura al concessionario (*franchisee*) di tutti gli elementi necessari a replicare il successo del concedente (*franchisor*). Il cuore pulsante del franchising è costituito dal pacchetto legale che protegge e ingloba il business pre-confezionato. Le aree normative che disciplinano il franchising si trovano sia a livello federale che a livello statale e comprendono aspetti che si potrebbe non ritenere tipici del franchising, come i contratti di rivendita di software. Il franchising è altamente regolamentato negli USA e occorre fare attenzione ad evitare che si sottoponga l'azienda ad obbligazioni che le impediscano di recuperare il controllo o rescindere il contratto con il franchisee, a causa di clausole contrattuali che abilitino il concessionario a resistere alla cessazione o a richiedere la corresponsione d'indennizzi non previsti.

# Lavorare con il Sistema Legale

Gli uomini d'affari americani usano l'efficiente sistema legale come arma strategica contro i concorrenti per forzare amichevoli composizioni di controversie, pagamenti, rinegoziare contratti o ignorare termini contrattuali svantaggiosi. Le minacce legali stimolano la negoziazione dal momento che entrambe le parti desiderano evitare controversie costose, esse tendono quindi a risolvere le questioni per via extragiudiziale. Anche l'uso di mediazione e arbitrato può risultare utile, anche se la soluzione migliore è sempre quella di evitare radicalmente le controversie facendosi assistere da uno staff legale competente fin dall'inizio. La minaccia di un causa legale costituirebbe uno strumento psicologico di posizionamento negoziale laddove le parti dovessero delegare ai rispettivi legali la soluzione dei conflitti e ciascuno di essi approntasse mozioni e contro mozioni richiedendo risarcimenti danni spesso esagerati. La conoscenza di come gestire gli avvocati ed evitare questo genere di escalation è un fattore critico di successo per chi vuol fare affari internazionalmente. Anche quando le controparti avessero sede fuori dagli USA, ma avessero eletto negli USA/NY il foro competente, i fascicoli giudiziali diverrebbero pubblici e accessibili sia ai fornitori che ai clienti a livello internazionale; pertanto, anche se nessuna attività fosse condotta negli USA, l'impresa potrebbe ugualmente scontare conseguenze negative per il proprio business internazionale. Questo livello di trasparenza è la ragione per la quale il foro di NY sarebbe la scelta giusta per l'elezione della giurisdizione competente tra le parti, poiché questo rende le transazioni oneste sin dall'inizio, dal momento che eventuali problemi irrisolti e oggetto di controversia giudiziale lascerebbero tracce sull'azienda che tenta di svilupparsi nel contesto internazionale.

Se una controversia finisce in giudizio i relativi tempi di soluzione posso prolungarsi per anni, dato il costante tentativo di ciascun legale di rallentare la controparte. A differenza di altri Paesi, negli USA gli avvocati possono accedere in anticipo al materiale che la controparte intenda portare in giudizio una volta depositato; questo fa sì che ciascuno possa capire quali siano le ragioni che la controparte vuol sostenere e quindi può rivelarsi necessario recuperare informazioni supplementari. Questo andirivieni di circostanze, azioni e reazioni può determinare un innalzamento dei costi e rendere gli affari complicati mettendoli dunque a rischio. La preliminare valutazione di tali costi può aiutare a stabilire delle soglie di danno oltre le quali l'impianto della controversia non ha più senso e quindi prevedere misure alternative per la diretta soluzione del conflitto tra le parti interessate. Per la PMI inesperiente del sistema USA e in generale del fare affari internazionalmente si ritiene meglio evitare situazioni che richiedano azioni giudiziali e i correlativi costi, dato che esistono altri mezzi per risolvere le dispute, i cui costi sono inferiori del perseguimento di azioni legali.

## Sistemi legali e finanziari a confronto

Dal confronto tra l'ordinamento giuridico di origine e quello statunitense possono emergere differenze significative, importanti da considerare quando si vuole accedere al commercio internazionale. In ragione di un mercato dei capitali statunitense molto ben sviluppato, in particolare gli avvocati newyorkesi godono di un vantaggio a livello internazionale rispetto agli altri colleghi, dal momento che gran parte dell'economia mondiale è mossa dai colossi conglomerati multinazionali quotati e registrati negli USA. La comparazione tra ordinamenti può rilevare differenze importanti a seconda del termine di confronto e delle sue origini, siano esse Francesi, Britanniche, Islamiche, Hindu, Tedesche o altra provenienza. Del resto, anche all'interno degli stessi USA si rilevano differenze nella comparazione tra Stati; ad esempio, l'ordinamento della Louisiana è di origine Francese e non Britannico come invece per il resto degli USA. Inoltre, anche la differenza tra diritto civile e diritto comune può generare confusioni. Le imprese impegnate in affari trans-nazionali tra Paesi i cui ordinamenti hanno differenti origini si misureranno con tali questioni all'insorgere dei problemi. Il diritto civile (Diritto Romano) originato in Europa ha in propri principi codificati all'interno di un preciso quadro normativo. Il diritto comune è invece basato sulla giurispurdenza, che in certe situazioni prevale rispetto alle norme scritte.

Differenze simili possono rinvenirsi anche nelle prassi di finanziamento quando si metta a confronto differenti economie e culture. Il diritto commerciale internazionale va tenuto in debita considerazione quando si stipulano contratti internazionali, poiché essi devono essere conformi all'Accordo Internazionale sul Commercio e sulle Tariffe (General Agreement on Trade and Tariff - GATT), alle raccomandazioni dell'Organizzazione Mondiale del Commercio (World Trade Organization - WTO) e della Commissione ONU per il Commercio Internazionale (UN Commission on International Trade Law), oltreché al comune codice etico degli affari. Dato il grado di complessità di queste considerazioni, NYC è uno dei pochi posti dove questo livello normativo commerciale internazionale può essere praticato. NYC è fortunatamente caratterizzata da un abbondante livello di diversità globale, nelle culture e nelle professionalità, il che può aiutare a superare le differenze tra gli ordinamenti giuridici e i sistemi finanziari in modo da poter condurre gli affari con equità, eticamente e nel rispetto delle preferenze di ciascuna rispettiva parte all'interno delle soluzioni contrattuali.

## La Responsabilità su Prodotti e Servizi

Oltre alle responsabilità connesse all'import-export di beni impropriamente documentati o il cui commercio è sottoposto a restrizioni negli USA, certi prodotti devono essere testati e certificati da organizzazioni industriali private. Gli Underwriters Laboratories sono un esempio molto ben conosciuto dai consumatori americani. L'utilizzo di tali laboratori di prova è considerato necessario anche per esigenze di marketing, dal momento che questo riduce il rischio di responsabilità sul prodotto. Le clausole contrattuali, in questo senso, sono essenziali per la copertura del rischio e la definizione del suo trattamento in capo a ciascuna delle parti contrattuali.

Se la responsabilità sul prodotto è qualcosa da prendere seriamente, occorre altresì tener presente che questa è una delle aree che più alimentano i media e si può anche trovare esagerato il riportare casi che hanno già ampia risonanza per gli attori in giudizio. Occorre perciò essere cauti nel trovare l'equilibrio tra la necessità di evitare le responsabilità nel rapporto commerciale e le ragionevoli misure che possono contrattualmente prevenire o mitigare la responsabilità. Prima di tutto, dunque, è sempre meglio fare ciò che sia allineato con le best practice del proprio settore in tema di sicurezza e rispondenza alle normative sul controllo dei prodotti, quindi cercare supporto nelle certificazioni e attestazioni di qualità e sicurezza emesse da soggetti indipendenti.

Il principale problema sulla responsabilità sul prodotto che riguarda gli USA è che spesso l'attore in giudizio persegue le parti chiamate in causa lungo tutta la filiera, dal produttore al distributore, dal licenziante al licenziatario di marchi e tecnologie. Una misura di gestione di questo genere di rischi consiste nel creare una società controllata negli USA (in the country) o comunque avere contratti molto ben redatti che isolino la responsabilità entro certe giurisdizioni che rendano la causa non attrattiva e costosa per l'attore, in particolare quando non ci sono garanzie e alto è il rischio di non ottenere risarcimenti o modesti risarcimenti rispetto agli oneri legali implicati dalla causa. Contratti appropriatamente redatti possono trasferire la responsabilità alla controparte statunitense, sia essa cliente, distributore, licenziatario o socio di joint venture.

# LAVORARE CON IL SISTEMA LEGALE

I termini di vendita e le condizioni di uso del prodotto possono coprire alcuni o la maggiorparte delle responsabilità in caso di perdite o danni risultanti da ritardi di consegna o prodotti difettosi di scarsa qualità, laddove colui che promuove il giudizio voglia chiedere risarcimenti sanzionatori. Molte di queste circostanze possono essere evitate mediante buone prassi e adeguata comunicazione, lavorando a stretto contatto con alleati trans-nazionali che creino le migliori condizioni per avere successo sul mercato internazionale. Questi problemi sorgono spesso quando la PMI è inesperiente, una una visione limitata circa l'ingresso sul mercato e cerca di fare le cose in modo informale.

Gli errori più comuni si rinvengono nel pensare che la stipula di contratti internazionali sia di per sè sufficiente a coprire il rischio della responsabilità sul prodotto negli USA, oppure nel non munirsi di coperture assicurative adeguate. Il più grande errore che un'azienda possa commettere è quello di non essere collaborativa con i propri difensori legali americani, subire un'accusa da un consumatore o da un'altra azienda e rispondere senza avere acquisito consiglio; la risposta, se non gestita in modo appropriato, può facilmente causare ulteriore responsabilità.

# L'Accesso Globale

L'esigenza della PMI di crescere a livello internazionale è la realtà attuale della competizione globale. Le PMI non hanno altra scelta rispetto a quella di perseguire una strategia espansiva, o il rischio è di divenire obsoleti, subire una recrudescenza competitiva da parte di concorrenti stranieri sul proprio mercato e comunque subire gli effetti deleteri della ciclicità di economie che soffrono della contrazione del PIL generata da consumi e popolazioni che invecchiano e si contraggono a loro volta. Il tasso di crescita del commercio globale è più alto della media generale e la partecipazioni delle PMI a questo processo di crescita rimane minimale, al cospetto di colossi trans-nazionali globalizzati e aggressivi. Ciascun Paese, i vari governi e legislatori comprendono che senza imprenditoria le economie non possono crescere e, in particolare, tutti risconoscono che l'imprenditoria internazionale sarà il paradigma delle PMI del 21° secolo. Il costo di internazionalizzarsi sta descrescendo per localizzazioni dove convergono tutti i fattori di un necessario mix di diversità, accesso al mercato e ai capitali, pubbliche relazioni, leggi ed expertise nel commercio internazionale. Oggi questo mix è rinvenibile in poche località, quali NYC, Londra, Dubai, Singapore e Honk Kong, ma nessuna può eguagliare New York City in quanto a dimensioni e mix di attività.

Qualunque sia la motivazione che spinga la PMI a internazionalizzarsi, sia essa l'ambizione di crescere quale impresa internazionale, un mercato domestico saturo, un mercato estero in espansione o una specifica opportunità, la PMI necessita di trovare e accedere a expertise che accelerino i piani di espansione sul mercato. Questo vademecum introduce sono piccoli esempi di problematiche che una PMI deve affrontare per prepararsi al successo, avendo ognuna le proprie caratteristiche e complessità il cui padroneggiamento richiede anni di esperienza, ma fortunatamente le PMI accorte comprendono dove sia meglio per loro localizzarsi e impareranno rapidamente come selezionare gli esperti e fare in modo che essi possano servire al meglio le necessità aziendali. Molte dei vantaggi che le grandi aziende multinazionali hanno nello stratificare i servizi e scalare le forniture internazionalmente sono anche disponibili alle PMI. Questo potrà eventualmente richieste una qualche forma di "coompetizione" (cooperazione mista a competizione per comprimere i costi industriali), il che può suonare poco familiare alle PMI abituate da sempre a competere vigorosamente sul proprio mercato domestico.

La consulenza Buoyant Capital può vantare un'esperienza unica ed è dedicata all'internazionalizzazione delle PMI. Essa può configurare le soluzioni in una sequenza ottimale di servizi basati su dove la PMI si trovi nel processo espansivo del proprio mercato e può sostenere le aziende a scalare rapidamente. Il consulente in affiancamento all'azienda si occupa di perseguire gli obiettivi imprenditoriali lavorando a stretto contatto con le risorse aziendali e mettendo a disposizione il suo talento affinché l'impresa possa proseguire nel suo cammino di sviluppo senza la necessità del coinvolgimento dei consulenti Buoyant Capital. Questo *vademecum* può avere sollevato può domande che dato risposte e può avere confuso la PMI su quale sia il proprio punto di partenza. Questa è una naturale reazione alla realizzazione del fatto che le opportunità sono reali e consistenti, ma il gap tra dove la PMI si trova attualmente e dove potrebbe essere nel futuro presenta delle sfide che la PMI può non essere preparata ad affrontare. Questo vademecum vuole servire a fornire un quadro di riferimento affinché le PMI inizino nel loro impegno, preparino le domande e formulino grossolane strategie da discutere con un consulente di propria scelta. La missione di Buoyant Capital è di sostenere lo sviluppo globale delle PMI e vuole sentire come questo vademecum e le esperienze di ambiziose PMI possano rappresentarne i percorsi. Non esitate a contattarci per un consulto o fateci sapere come la vostra impresa ha affrontato le sfide dell'internazionalizzazione.

## *Prepararsi all'Internazionalizzazione della PMI*

Quanto segue rappresenta un breve esempio di domande che una PMI può iniziare a porsi al fine di preparare la propria internazionalizzazione. Ciascun elemento di decisione richiede decisioni da parte dei manager, dei proprietari e degli investitori, dato la rilevanza delle questioni e le relative implicazioni dell'agire sul piano internazionale. Mentre le aziende spesso inziano il percorso approvvigionandosi dall'estero, questa sezione si focalizza sulla decisione di esportare e assume che essa sia altamente complessa e rischiosa; pertanto, essa richiede una serie di considerazioni dovute. Utilizzate l'elenco per iniziare delle discussioni interne alla vostra azienda. Quando l'azienda è pronta, potrete contatare Buoyant Capital per identificare i migliori consulenti e completare le valutazioni preliminari.

## *Esperienza aziendale*

Attualmente, la vostra azienda sta esternalizzando una qualche funzione presso altre aziende, ad esempio un call center?

La vostra azienda sta attualmente esternalizzando presso aziende straniere?

State già importando materiali, componenti o comunque commerciando attraverso fonti estere per ridurre i costi?

La vostra azienda sta già esportando all'interno della macro-regione di appartenenza (es. Europa)?

Qualche membro dello staff aziendale può già vantare esperienze nel commercio internazionale?

# L'ACCESSO GLOBALE

## *Predisposizione del Prodotto*

Dove si trova il maggior pacchetto di potenziali acquirenti del vostro prodotto?

Chi sono gli attuali prodotti e attori concorrente sul mercato-obiettivo?

Dove si possono produrre i prodotti concorrenti al minor costo?

L'azienda può competere sul mercato globale offrendo il miglior rapporto qualità-prezzo che soddisfi le esigenze dei clienti nei mercati-obiettivo?

Si può produrre o assemblare il prodotto sul mercato-obiettivo?

Cos'è necessario per adeguare il prodotto al mercato-obiettivo?

Ricercate le normative ambientali attinenti al vostro prodotto/servizio.

A che costo si può trasportare e stoccare il prodotto?

Il prodotto può essere venduto senza necessità di assistenza post-vendita (manutenzione, parti di ricambio, servizi)?

Il prodotto può essere consegnato e installato senza competenze in loco?

Si possono formare le risorse locali per quanto concerna gli aspetti che richiedono l'erogazione di servizi (pre e post vendita)?

## *Predisposizione del Mercato-obiettivo*

Il mercato globale è più attraente del mercato domestico? Perché?

Dove si concentra la parte maggiore di potenziali acquirenti?

La vostra azienda ha già saturato il mercato domestico?

Il mercato-obiettivo mostra segnali di accettazione/recepimento culturale del vostro prodotto/servizio?

Indagate sulla stabilità politico-economica del mercato-obiettivo.

## *Condizioni di Finanziamento*

Indagate sulla condizione del mercato dei capitali nel Paese del mercato-obiettivo.

Indagate sul finanziamento dell'export, disponibilità d'incentivi e agevolazioni fiscali per gl'investitori stranieri.

Indagate sulle fluttuazioni nella moneta del Paese del mercato-obiettivo.

Indagate sulle condizioni di sicurezza pubblica e privata e sulle normative a tutela della proprietà intellettuale.

Indagate sulle politiche di attrazione dei capitali esteri e sul clima generale degl'investimenti.

Indagate sul costo del capitale.

Indagate sulle normali condizioni e termini di fatturazione e pagamento.

Indagate sulle politiche di rimpatrio dei capitali dal Paese straniero a quello di vostra provenienza.

## *Spostare le merci*

Valutate le condizioni delle infrastrutture e della logistica nel Paese ospitante.

Verificate le norme sugli oneri doganali e i dazi all'importazione.

Verificate gli ostacoli burocratici e le procedure autorizzative.

Verificate le relazioni diplomatiche e commerciali con il vostro Paese.

## *Fattore umano*

Indagate sulla reputazione dell'eventuale partner locale nel suo Paese.

Verificate la disponibilità di personale qualificato e non qualificato.

Verificate la legislazione industriale e lavoristica nel Paese ospitante.

# Bibliografia

"9 Tips, Not Too Flattering, For Doing Business In U.S." Forbes. Accessed June 30, 2015. http://www.forbes.com/sites/seankilachand/2012/04/18/9-tips-not-too-flattering-for-doing-business-in-u-s/.

Alfredo D'Angelo, Antonio Majocchi, Antonella Zucchella, and Trevor Buck. "Geographical Pathways for SME Internationalization: Insights from an Italian Sample." International Marketing Review 30, no. 2 (April 19, 2013): 80–105. doi:10.1108/02651331311314538.

Daszkiewicz, Nelly, and Krzysztof Wach, eds. Internationalization of SMEs: Context, Models and Implementation. Edition I. Gdańsk: Gdańsk University of Technology Publishers, 2012.

"Digital.NYC." Digital Business in NYC, n.d. http://www.digital.nyc/resource_categories/business-with-nyc.

"Doing Business 2015 Data for the United States." World Bank. Accessed June 29, 2015. http://www.doingbusiness.org/data/exploreeconomies/united-states.

Doing Business in New York. The Economist, n.d. http://www.economist.com/blogs/multimedia/2011/03/doing_business_new_york.

"Doing Business in the United States: The Unique Challenges and Opportunities of Doing Business in the United States." PwC. Accessed June 30, 2015. http://www.pwc.com/us/en/tax-services-multinationals/newsletters/tax-and-investment-us/doing-business-us-aug-2013.jhtml.

Etemad, Hamid. International Entrepreneurship in Small and Medium Size Enterprises: Orientation, Environment and Strategy. Edward Elgar Publishing, 2004.

Freeman, Susan, Ron Edwards, and Bill Schroder. "How Smaller Born-Global Firms Use Networks and Alliances to Overcome Constraints to Rapid Internationalization." Journal of International Marketing 14, no. 3 (September 1, 2006): 33–63. doi:10.1509/jimk.14.3.33.

Lee, Hyunsuk, Donna Kelley, Jangwoo Lee, and Sunghun Lee. "SME Survival: The Impact of Internationalization, Technology Resources, and Alliances." Journal of Small Business Management 50, no. 1 (January 1, 2012): 1–19. doi:10.1111/j.1540-627X.2011.00341.x.

Lu, Jane W., and Paul W. Beamish. "SME Internationalization and Performance: Growth vs. Profitability." Journal of International Entrepreneurship 4, no. 1 (November 22, 2006): 27–48. doi:10.1007/s10843-006-8000-7.

Dr. Mark Turin. "New York, a graveyard for languages" BBC News Magazine online (December 16, 2012) http://www.bbc.com/news/magazine-20716344Mejri, Kais, and Katsuhiro Umemoto. "Small- and Medium-Sized Enterprise Internationalization: Towards the Knowledge-Based Model." Journal of International Entrepreneurship 8, no. 2 (April 16, 2010): 156–67. doi:10.1007/s10843-010-0058-6.

Mitja Ruzzier, Robert D. Hisrich, and Bostjan Antoncic. "SME Internationalization Research: Past, Present, and Future." Journal of Small Business and Enterprise Development 13, no. 4 (October 1, 2006): 476–97. doi:10.1108/14626000610705705.

"NYEDC." Opportunities for Entrepreneurs, n.d. http://www.nycedc.com/opportunities/opportunities-entrepreneurs.

"NY Tech Meetup." Community of Entrepreneurs in NYC, n.d. https://nytm.org/ (https://nytm.org/) (https://nytm.org/).

"Private Equity Research and Firms," n.d. http://www.pegcc.org/research/.

# BIBLIOGRAFIA

Reuber, A. Rebecca, and Eileen Fischer. "The Influence of the Management Team's International Experience on the Internationalization Behaviors of SMEs." Journal of International Business Studies 28, no. 4 (December 1, 1997): 807–25.

Sami Basly. "The Internationalization of Family SME." Baltic Journal of Management 2, no. 2 (May 22, 2007): 154–80. doi:10.1108/17465260710750973.

"SME Internationalization as a Challenge to Interpersonal Communication Competence." Accessed June 30, 2015. http://www.immi.se/intercultural/nr18/purhonen.htm.

Smolarski, Jan, and Can Kut. "The Impact of Venture Capital Financing Method on SME Performance and Internationalization." International Entrepreneurship and Management Journal 7, no. 1 (November 18, 2009): 39–55. doi:10.1007/s11365-009-0128-1.

"Startup NY." NY Free Trade Zone, n.d. http://startup.ny.gov/new-york-city.

"UK Information on Exporting to the US Market," n.d. https://www.gov.uk/government/publications/exporting-to-the-usa/exporting-to-the-usa.

"USA Gov't Information Search Page." Search site. USA Gov't. Accessed June 29, 2015. https://www.usa.gov/for-business-owners.

"US Export Information," n.d. http://export.gov/.

US Foriegn Trade Data Reports, n.d. https://www.census.gov/foreign-trade/index.html.

"VC Experts." Encyclopedia of VC Finance with All the Legal Forms, n.d. https://vcexperts.com/reference/encyclopedia.

"Venture Capital Model Legal Documents," n.d. http://nvca.org/resources/model-legal-documents/.

"Venture Capital Research and Firms," n.d. http://nvca.org/research/stats-studies/.

# Biografia degli Autori

**Raymond Garcia** è *managing director* di Buoyant Capital, un contenitore di pensiero per il supporto consulenziale globale sulle problematiche della crescita di piccole e medie imprese. Lo studio coordina un team di esperti che hanno la missione di aiutare i clienti a migliorare la competitività attraverso la gestione del talento imprenditoriale, l'espansione sul mercato globale con strategie di partenariato, gestione del patrimonio tecnologico, strutturazione e ristrutturazione del capitale aziendale.

Buoyant Capital è stata fondata nel 2000 a New York City e ha supportato il lancio di svariate *start-up* e ha assistito nuovi imprenditori, manager e i loro investitori. Ray ha oltre 15 anni di esperienza quale imprenditore "tecnologico", responsabile tecnologico e co-fondatore di 4 nuove aziende finanziate da *venture capitalist*. Nella prima parte della sua carriere, egli ha lavorato in ruoli esecutivi per Citicorp, Republic National Bank, Bank of America ed è stato consulente di grandi multinazionali statunitensi.

Nel 2008 è stato eletto nel comitato esecutivo di MIT Media Lab e attualmente è membro del comitato consultivo del Baruch College Field Center for Entrepreneurship e del City College of New York, Grove School of Engineering, Zahn Innovation Center.

Dal 2011 al 2014 ha insegnato in un corso intensivo accelerato d'imprenditoria c/o l'Università di Pisa, Dipartimento di Economia, aperto a ricercatori e candidati al master MBA, con focus in trasferimento tecnologico e spin-off.

# BIOGRAFIA DEGLI AUTORI

**Francesco Messina** laureatosi in Economia presso l'Università di Catania, inizia la sua carriera presso la Presidenza del Consiglio dei Ministri nell'ambito dello sviluppo locale, sotto la guida del Professor Luca Meldolesi. Al termine di questa esperienza, durata due anni, avvia nel 2005 un percorso di dottorato in Economia Pubblica ultimato nel 2008, frequenta il Master annuale in Economics of Arts a Louvain La Neuve in Belgio durante il 2006 e nel luglio 2007 consegue l'abilitazione alla professione di dottore commercialista.

Già dal 2003 aveva costituito CentoCinquanta, struttura consulenziale nella quale riversare know how e relazioni e nella quale creare e proporre prodotti consulenziali per imprese ed enti pubblici.

Maggiormente incline alle tematiche dell'organizzazione aziendale e legate alla crescita delle performance, si dedica in prima persona alla formazione degli imprenditori sui temi della leadership, del *change management* e del passaggio generazionale, alla costruzione di team in azienda, alla gestione e motivazione delle reti di vendita. Sfrutta le competenze sul Controllo di Gestione per comprendere quali obiettivi assegnare ai manager e alle reti di vendita e le competenze in area Marketing per aiutare le aziende a migliorare il rapporto che i propri dipendenti intessono con clienti e fornitori. Autore di articoli su riviste specializzate.

Con CentoCinquanta, in partnership con Heva Management, ha acquisito nel 2014 la licenza BCC per l'Italia.

**Antonino Caldarella** è consulente di direzione CMC (circuito internazionale ICMCI, rappresentato in Italia da APCO). Formatosi presso l'Università di Catania, dove si è laureato in Economia e Commercio nel 2001, ha iniziato a lavorare nel 1999 occupandosi di sistemi informativi aziendali. Dal 2002 al 2004 ha curato lo start-up di uno stabilimento chimico nella posizione di *admin & finance manager*, quindi ha intrapreso la carriera consulenziale con il ruolo di senior analyst & associate presso una banca d'affari milanese del settore *real estate finance*. Dal 2005 al 2007 ha esercitato la consulenza di direzione in forma individuale iniziando a occuparsi di sviluppo industriale e partnership internazionali, con esperienze in Europa e Medioriente. Nel 2008 ha co-fondato, quale senior partner, Heva Management, una *project management company* con la missione di sviluppare la cultura della gestione dei progetti basata su standard internazionali. Dal 2004 al 2012 ha svolto consulenza di *project management* per la realizzazione di vari insediamenti industriali in Italia e dal 2009 al 2013 ha assistito lo sviluppo di un'intera *business unit* in India per conto di una multinazionale franco-americana. Si è specializzato in *project finance* e *business development*, con esperienze in Europa, Medioriente (Bahrain, Arabia Saudita, Giordania), India, USA, Brasile. Ha acquisito con Heva Management, in *partnerhip* con CentoCinquanta, la licenza BCC per l'Italia.

www.ingramcontent.com/pod-product-compliance
Lightning Source LLC
Chambersburg PA
CBHW070945210326
41520CB00021B/7059